升维

拥抱未来商业的10个关键方法

十大企业家校长　著

升维是择高而立。所谓择高而立，是指选择高的地方站立，只有站得高，才能看得远，看到事物的本质。企业不断发展壮大的过程，就是不断升维的过程。

本书所介绍的企业，它们在自身的发展领域中，不断地在用户、模式、品牌、御人等各个方面升维，把升维变成一种助推企业可持续发展的思维方式，不断地去追求卓越、创造奇迹、实现伟大。它们升维的过程、方法、路径就总结在这本书里。通过本书，我们希望将这一套拥抱未来商业的关键方法与更多的读者分享。

图书在版编目（CIP）数据

升维：拥抱未来商业的 10 个关键方法 / 十大企业家校长著. —北京：机械工业出版社，2021.9
ISBN 978-7-111-69080-1

Ⅰ.①升⋯　Ⅱ.①十⋯　Ⅲ.①商业经营　Ⅳ.①F713

中国版本图书馆 CIP 数据核字（2021）第 184337 号

机械工业出版社（北京市百万庄大街22号　邮政编码100037）
策划编辑：胡嘉兴　　　责任编辑：胡嘉兴　戴思杨
责任校对：李　伟　　　责任印制：李　昂
北京联兴盛业印刷股份有限公司印刷
2021年10月第1版第1次印刷
145mm×210mm・11.25 印张・2 插页・185 千字
标准书号：ISBN 978-7-111-69080-1
定价：88.00元

电话服务　　　　　　　　网络服务
客服电话：010-88361066　机　工　官　网：www.cmpbook.com
　　　　　010-88379833　机　工　官　博：weibo.com/cmp1952
　　　　　010-68326294　金　书　网：www.golden-book.com
封底无防伪标均为盗版　机工教育服务网：www.cmpedu.com

前　言

升维是择高而立

什么是升维？

升维是择高而立。 所谓择高而立，是指选择高的地方站立，只有站得高，才能看得远，看到事物的本质。

在石器时代，人类住在山洞里，全靠双腿走路，活动范围只有几十公里；到了农耕时代，人类可以骑马坐船，活动范围达到了上千公里；到了工业时代，人类制造了汽车、火车、飞机，活动范围几乎遍布整个地球；再到现在的信息化时代，人类开始探索太空，走向宇宙。这就是择高而立。

企业也是一样，一个企业的发展就是不断升维的过程。从一开始几个人到几十个人、几百人，再到几千人、几万人、几十万人；从服务一个区域到服务一个国家，再到服务全球……在这个过程中，企业家不断地择高而立。一个企业不断发展壮大的过程，就是不断升维的过程。

除此之外，从某种程度上来说，升维也是一种选择，是选择择高而立，还是选择宽处以行？比如，你是想做雄鹰、鸿雁还是麻雀？雄鹰能飞上万米高空，能活50余年；鸿雁能飞千里，能活20余年；麻雀能飞千米，只能活10年。你可以选择做雄鹰、做鸿雁，也可以选择做麻雀。

行动教育立志要让企业家成为伟大的、受人尊重的企业家，行动教育选择的是做雄鹰。你也可以做一个选择，选择成就一番非凡的事业。

既然升维只是一种选择，那么为什么企业一定要选择择高而立、不断升维呢？

因为升维能从高度、速度、角度上给企业带来三种价值，即能够让企业建立最高的标准，能够让企业顺势而为，能够让企业站高一线，找到最好的赛道。

高度，最高标准

升维是择高而立，这里的"高"是指高度，即企业的最高标准。升维可以让企业建立行业的最高标准。

一流企业做标准，二流企业做品牌，三流企业做产品。为什么标准要高于品牌和产品呢？**因为标准决定了资源的**

前言 李践

升维是择高而立

配置方式，是企业能够做到何种程度的一把尺子。

比如，如何判定一家酒店是五星级酒店、四星级酒店还是商务型酒店或招待所呢？依据的是它们的资源配置标准，五星级酒店的标准意味着与之配套的所有资源，包括建筑物外观、内部装修材料和员工服务质量等，都是顶级的。

那么，为什么一流企业首先要做标准呢？因为**一切竞争的最高境界都来自标准**。比如，同样是做过桥米线，你要选择世界上最好的过桥米线馆作为自己的标准。具体来说，在原材料方面，你要选用最优质、最新鲜的食材；在店址选择、店面设计、服务质量等方面，你也要全部采用最高标准。这样你的过桥米线馆就能超越其他的米线馆，拥有自己的核心竞争力。

如今做到行业第一的企业，在市场竞争中往往"大小通吃"。尤其是在移动互联网时代，行业边界变得模糊，跨界转型成为行业巨头的新玩法。在这种弱肉强食的市场环境下，不朝行业第一的标准努力奋斗，很容易被竞争对手打败。

升维是如何帮助企业建立最高标准的呢？

1. 定标

首先要定标。有一种思维叫"以终为始"，即以终点作为开始。"以终为始"的思维告诉我们：企业从一开始就要确定一个高远目标，定标必须志存高远。通俗地说，任何一家企业都应该把成为行业第一作为自己的目标。原因很简单，因为"十银不敌一金"。没有任何一位运动员不想拿金牌，企业面对激烈的市场竞争也是如此，没有任何一家企业不想成为行业第一。

比如，2006年，行动教育在上海成立，起初的定位是打造一家培训企业家的教育企业。当时我们的标准是用企业家教企业家，满足企业家的需求，让企业家真正收获价值。

随着行动教育的发展，企业在2012年进入了瓶颈期，当时企业的营业额非但没有增长，反而出现了亏损。此时我们又回到了原点，重新思考我们究竟要成为一家什么样的企业。

在反复思考与琢磨中，我们发现，要想打破困境，就一定要升维，要择高而立。

首先，我们要胸怀大局，设立高远目标。此前我们设立的目标太小，只着眼于眼前能否生存下去，以至于将自己束缚在一个圈圈中，无法看到外面的世界。随着时代的发展，外界的环境瞬息万变，早已沧海桑田。如若依旧只看重眼前的小目标，自然就会进入难以突破的瓶颈期。

前 言 李 践
升维是择高而立

教育本就是一项长期的事业，教育企业家花费的时间甚至比普通教育要更长更久。在长期的教育中，我们试图拔高企业家的思维境界，然后引导他们将思维反作用于实践当中。而完成这些任务的首要前提，便是我们自身的思维境界要更高。

明确了这一点后，我们将原先局限于培训行业的眼光放大至整个教育体系。而全球教育体系中的最高标准，是世界上最古老的商学院——创立于1881年的法国巴黎高等商学院。法国巴黎高等商学院成为我们的最高标准，也是我们定标的对象。

仿照法国巴黎高等商学院，我们给自己设置了一个伟大的目标：**做一家世界级的实效商学院**。"实效"是行动教育的核心价值观，是给予客户价值、收获实际效果，是最基础的标准；而"世界级"和"商学院"，则代表着这一行业的最高标准。

2. 对标

定标之后是对标。对标，就是对比行业标杆，向业界第一名学习。

在任何领域，行业标杆的作用都是极为重要的。一个好的行业标杆，不仅是你的指明灯，还是你学习的典范。

以跆拳道为例，要想成为世界顶级的跆拳道大师，最高效的方法就是向世界顶级的跆拳道教练学习。

还是以行动教育为例，当我们把企业定标为"做一家世界级的实效商学院"以后，接下来，我们就要**找到行业标杆，向它们学习标准**。

我带着企业高管前往美国哈佛商学院、法国巴黎高等商学院、英国剑桥大学商学院、中欧国际工商学院、长江商学院等，系统地学习这些优秀商学院的经营之道。通过学习改变自身的思维方式，并不断完善自身，提升自身。

3. 建标

定标、对标之后，接下来我们还要建标，即按照行业最高标准建立企业自己的标准。而这时建立的标准是以终为始，起点就是终点，出手就是高手，是行业最高的标准，占据了行业制高点。这样不仅能够最大化地满足客户需求，让客户的价值最大化，还能打造自己的核心竞争力。

行动教育对标美国哈佛商学院、法国巴黎高等商学院等行业标杆后，我们开始通过"一仿二改三创新"的方式来建立自己的标准。在硬件设施上，我们邀请了哈佛商学院的设计师，为我们设计教学楼，按照哈佛商学院的标准，配置黑板、粉笔、话筒甚至桌椅板凳，将哈佛商学院的体系、理念都引进中国。在"软件"配置上，我们先后邀请了哈佛商学院的罗伯特·S. 卡普兰（Robert S. Kaplan）教授，巴黎高等商学院课程连续 8 年全球排名第一的帕特里克·莱格朗德（Patrick Legland）教授，以及被誉为"中国的稻盛和夫"的宋志平会长前来授课。

我们在战略、产品、用户、人才、服务等方面都以行业标杆的标准来要求自己，不断完善自己，快速提升自己的行业竞争力。

通过定标、对标、建标，行动教育不仅最大化地满足了企业家教育的需求，还打造了自己的核心竞争力，实现了 IPO——全球商学院第一股、管理教育第一股。这就是升维带来的最大价值之一。

速度，顺势而为

升维给企业带来的第二大价值是企业的发展速度提升。当企业建立了自己的高标准后，便可顺势而为。

什么叫顺势而为？我用一个简单的例子来说明。假设我们此刻需要搬运一块巨石，如果站在山顶，只要一推，巨石便会随着山体的坡度顺势而下；反之，如果我们站在山脚下，想把巨石运到山顶，难度可想而知。而在越高的山峰上往下推，巨石会滚落得越快，这就是择高而立带来的速度。

在企业中，**速度意味着效率**。当我们的效率远高于其他企业时，便能轻轻松松对其他企业形成降维打击。在当今时代，效率意味着我们要把目光聚焦在科技上，因为企业产业链的效率要依靠科技来实现。而当今最重要的科技正是互联网技术。

互联网技术可以让企业实现"四化建设"，即在线化、数据化、算法化、智能化。

以行动教育为例，自 2013 年开始升维后，发现那些世界级的商学院开始引入互联网技术，大量使用在线学习，利用科技的力量发展。

于是我们在升维中，也将实现"四化建设"作为我们的一大标准，尝试着将科学技术运用到企业经营管理实践中，将产品生产、用户分析、预算指标、绩效机制、市场营销以及管理流程、技术标准等全部数据化。

2013 年，行动教育开始推行 CRM（客户关系管理）系统。通过这个系统，所有员工的行业流程、模式、行为轨迹等都可以实现在线化；员工的所有客户、拜访记录、汇款记录、订单等重要数据，也全都可以在线呈现。

我们还引进了移动端的软件，对一系列批款、领款、外出、请假、会议等流程进行在线管理。这样一来，原来很多烦琐、复杂、低效的审批流程变得简单易行。

针对用户管理，我们还要求员工将一些重要的用户信息通过在线管理的方式留存下来，比如用户的姓名、单位、联系方式、年龄、性别、消费次数、消费金额、习惯爱好等。对于这些重要的用户信息，有了在线管理的方式，即便有员工离职和岗位变动等情况出现，也不会影响企业后期业务的开展。

现在通过"四化建设"，行动教育不但改变了与用户之间的关系，还在企业和用户两端均实现了更大程度的降低成本、提高效率，重新回归商业的本质。

角度，站高一线

角度，就是指**站高一线**。升维除了能够让企业建立最高标准、顺势而为以外，还能让企业站高一线，"一览众山小"。

当企业选择升维、选择择高而立，便有了大局思维，能够看到好的赛道。什么是好的赛道呢？股神巴菲特有一句名言:"人生就像滚雪球,最重要的是发现很湿的雪和很长的坡。"所谓很长的坡,指的是企业所处的行业发展空间巨大,企业发展的天花板远没有到来;而很湿的雪,则指的是企业的营利能力够强。只有具备广阔发展空间和强大的营利能力,才是好的赛道。

升维能使企业在同一领域的赛道中选择差异化发展,在不断创新中形成错位竞争。

大量商业实践表明,任何一家缺乏特色的企业都难逃同质化竞争的宿命,而能够杀出重围的,往往都是那些走差异化发展道路的企业。而要实现差异化发展,有两条路可走:**要么走价值创新道路,要么走成本领先道路。**

若企业家能够站高一线,就能明晰自己应该走哪一条差异化发展道路,然后突出重围,站上与其他企业不同的赛道,更轻松地成为行业领军企业。

企业选择什么样的标准,就意味着它最终能够达到什么样的高度,能够做出什么样的成就。并且这个标准并非是一成不变的,当我们通过不断努力达到了阶段性的最高标准后,一定会出现更高的标准。

因为,**升维是动态的,是螺旋上升、永无止境的**。升维的目的是站得高,只有站得高才会有全局思维和系统思维,只有站得高才能找到更好的赛道。

前言 李践
升维是择高而立

实践是检验真理的唯一标准，最顶尖的高手一定是知行合一的高手。所以，行动教育一直在坚持自己的升维之路，讲自己所做，做自己所讲，只讲那些自己正在做的、实践过的事情所得出的理论与方法。

幸运的是，在这条路上，我们从来不是独行者。这15年来，行动教育与十几万家企业一路相随。它们是理论的实践者，切实地践行着本书所讲的企业经营管理体系，在各自的领域中，不断在用户、模式、品牌、御人等各个方面升维。它们把升维变成一种思维方式，融进企业的"血液"里，不断去追求卓越，去创造奇迹，去实现伟大。它们升维的过程、方法、总结，就在这本书里。

大道至简，行胜于言。通过这本书，我们希望将这一套拥抱未来商业的关键方法，分享给更多的企业。期待这本书能够激发更多的企业家对中小企业战略做出更多有益的思考与实践。

李践
2021年10月于行动教育上海花瓣园区

目录

李 践 | 前 言
升维是择高而立

高度，最高标准... IV

速度，顺势而为... IX

角度，站高一线... XI

欧木兰 | 第一章
经营升维，从工厂女工到科技实业掌门人

职业升维：从工厂女工到职业经理人... 003

商业升维：从电子贸易到入局显示屏市场... 010

战略升维：助力企业从 1 亿元到 10 亿元再到 100 亿元... 016

姚红超

第二章
产业升维,从亏损 1400 万元
到盈利 3500 万元

创业:走出国企,投身贸易... 038
入局:构建钢铁信息交流平台... 041
破局:"上市"+拥抱"互联网+"... 046
升维:在残酷竞争中胜利突围... 056

郑远元

第三章
升维聚焦,百亿千城万店,
为生命加分

人生升维:穷山村走出的企业家... 075
模式升维:从手艺到产业... 082
价值升维:分配机制让员工成为合伙人... 092
愿景升维:为人类健康而奋斗终生... 101

翟 阳 | 第四章
"御人"升维,两年打造本土 "ins 风"网红酒店

御己:人生而御物而不御于物... 114

御史:挑起家族企业发展大梁... 118

御新:创建全新酒店品牌 Ananas 安舍... 122

御事:要更能打,也要更抗打击... 130

戴道金 | 第五章
行业升维,重新定义中国制造

身份升维:从农村走出的"纸杯机大王"... 145

技术升维:从 1.0 时代到 3.0 时代,从低速纸杯机到高速纸杯机... 151

品质升维:中国制造＝中国质造+中国智造... 165

周 鹏

第六章
零售模式升维，从一年 600 万元到三个月 4000 万元

从传统模式转向电商模式：

一年创下 7000 万元业绩... 179

从代理模式转向会销模式：

走出产品同质化、库存积压严重的困局... 186

从营销模式转向增长模式：

实现业绩突破式增长... 192

王 宝

第七章
用户升维，后疫情时代的增长法宝

恪守初心，做产品的初心永远是解决用户问题... 213

破局之道，以全心全意为用户服务为宗旨的业务管理... 219

痴迷用户，以用户为中心... 229

于明山

第八章
使命升维,升维的最高境界是人的升维

使命升维 1.0:从站柜台到创业,为美好生活而奋斗... 241

使命升维 2.0:布局"美道家",重新定义美业... 250

使命升维 3.0:打造"一站式新零售美店"... 258

徐潇

第九章
愿景升维,从中国互联网钻石第一人到"点灯人"

意识升维:要小城市的安逸,还是去大城市奋斗... 277

角色升维:从 eBay 兼职卖家,到缔造钻石王国的企业家... 281

使命升维:不做"追光者",愿做"点灯人"... 296

张海波 | 第十章
品牌升维，34 年只做冰淇淋

天冰 1.0 时代：工厂大生产时代，从 0 到 100... 313

天冰 2.0 时代：高质量转型时代，成为中国冰淇淋民营企业第一... 320

天冰 3.0 时代：品质天冰时代，立志成为中国冰淇淋第一品牌... 327

第一章 欧木兰

经营升维，从工厂女工到科技实业掌门人

提到木兰，你会想到什么？是幽姿淑态、明艳灿烂的"木兰花"？还是替父从军、勇敢无畏的"花木兰"？

在如今的商海中，也绽放着一朵如"花木兰"一般倔强果敢的"木兰花"——深圳市国显科技有限公司（以下简称国显科技）总经理欧木兰。

从"打工妹"到知名企业家，她是草根创业成功的典型代表。

从民企到央企混合所有制，她以创新的思维推动企业实现跨越式发展。

从电子贸易到投身实业，她十年磨一剑，打造了全球知名的触控显示一体化企业。

如果要用一个词来形容欧木兰的升维之路，那便是"企图心"——强烈的创业"企图心"。

因为这份强烈的创业"企图心"，她完成了从一名基层

"打工妹"到职业经理人的升维。

因为这份强烈的创业"企图心",她在触碰职业天花板后毫不犹豫地转身,抱着一切归零的心态,切入了另一个更残酷也更绚烂的创业赛道,完成了从打工者到创业者的升维。

因为这份强烈的创业"企图心",她在贸易行业大获全胜后再次换道,一头扎进实业的浪潮,倾尽所有,完成了从贸易到实业的升维。

因为这份强烈的创业"企图心",转型实业后,她用十年时间带领企业历经了五次升维,以坚守、创新、务实的精神,脚踏实地推进产业的升级改造,向世界展示了"中国制造"高品质、高科技的新形象,为企业插上了腾飞的翅膀。

30年如白驹过隙,但却让我们见证了一位女企业家的成长和历练。

职业升维:从工厂女工到职业经理人

20世纪80年代末期,随着西方发达国家制造业成本大幅提高,大量实体产业开始向中国转移。一时间,中国沿海开放城市出现大量劳动力缺口,我国第一次"进城打工潮"由此出现。

欧木兰便是这场声势浩大的"打工潮"中翻滚的浪花之一。

1989年,留着齐耳短发,拥有一双明亮眼睛的欧木兰夹杂在熙熙攘攘的人群中,从老家广西玉林来到了浸润在改革春风中的深圳,成为珠三角千万打工大军中的普通一员。这一年,她18岁,正是如花一样的年龄,一切都充满着希望与未知。

1979年,中国改革开放的第一声春雷在深圳蛇口打响,改革开放的生命线就此打开。在此后的十年中,深圳作为中国改革开放的核心城市迎来了爆发式的蓬勃发展。地处改革前沿地带,年轻有朝气、刚刚走出闭塞小镇的欧木兰在感受城市繁华和热闹的同时,还接触了前沿的思维,并且开阔了眼界。

初生牛犊不怕虎,彼时的欧木兰大约没有想到,在此后的30年间,她将成为沐浴改革春风,在时代洪流中激流勇进的创业弄潮儿,用敢拼、肯干的勤奋精神和敏锐、精准的行业嗅觉编织翅膀,奋力飞翔并抓住时代的风口,书写属于自己的商业传奇。

在众多的工厂企业中,年轻的欧木兰选择了一家港资电子企业。这个选择也为她日后的创业和毕生奋斗的事业涂上了底色,定下了基调。

由于学历不高,欧木兰只能从流水线上的普通女工做起(如图1-1所示)。进厂后不久,年轻的欧木兰遇到了人生道路上的第一任导师——港资电子企业的副总、职业经理人荣先生。当时,为了鼓励新来的工人们,荣经理在职工大会上说了这样一番话:"要想成为一名优秀的职场人,就要每天严格要求自己,每天完成任务,每天获得进步。一个懂得帮助别人、善于解决问题并愿意多付出的人,才是真正优秀的职场人。"

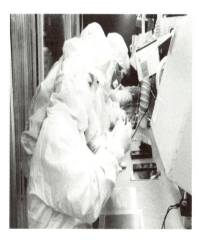

图1-1　18岁的欧木兰在工厂流水线上做女工

荣经理的话在年轻的欧木兰心里悄悄埋下了一颗奋斗

的种子。她默默告诉自己：一定要成为一个努力、向上、自立且有担当的职场人。在此后的很多年中，欧木兰一直以这样的标准严格要求自己，鞭策和督促自己不断修炼，不断成长，不断进步。而且在后来创业成功，有了自己的公司和团队后，欧木兰也始终以这样的标准要求着她的员工。

刚进入职场的欧木兰最大的理想是成为像荣经理那样睿智、优秀的职业经理人。尽管从事着最普通的工作，但欧木兰从未因为工作的平凡而选择平庸。她给自己下了一道"死命令"：对任何工作都要做到超出老板的预期，让老板和同事惊喜。她积极做好每件事，除自身工作外还常常帮助同伴。凭借着这种踏实肯干、热情积极的工作态度和工作作风，欧木兰很快便从一众打工者中脱颖而出，得到了上级领导的器重和公司的重点培养。

随之而来的是步步高升：3个月后，她离开了最基础的流水线，成为仓库管理员；9个月后，她开始担任物流管控员；1年后，她升任总经理助理；又1年后，她成为代总经理（如图1-2所示）。

这一年，欧木兰21岁。3年时间，4次升职，从最普通的流水线女工，到成为受到1000多名员工敬佩的公司核心骨干；从月收入勉强糊口，到拿上3000元的高工资。在

图1-2　21岁的欧木兰成为企业的代总经理

同龄女孩刚刚走出"象牙塔"大门或者走入婚姻殿堂的年龄，年轻的欧木兰实现了自己的职业升维，用勤奋努力为自己争得了属于青春的最好荣誉。

飞速成长的职场经历，让欧木兰更深刻地理解了"天道酬勤"的含义。尽管此时的她在职场上顺风顺水，但她显然并没有因此而满足。站得越高，欧木兰越清楚地认识到学习的重要性。于是，她开始利用业余时间到学校进修工商管理，不断为未来积累知识。

没多久，欧木兰遭遇了职场的第一次"滑铁卢"。彼时，欧木兰所在的公司被一家上市集团收购了，她被迫调到了集团内的另一家公司。对欧木兰而言,这并不是一次简单的工作变动,而是从一名公司高级管理者到普通白领的重大调整。这意味着,在管理岗位工作了两年的她,需要从一般文员做起,并且工资待遇减半。

屋漏偏逢连夜雨,此时的欧木兰刚生完孩子,婆婆也检查出得了癌症,面对家庭与事业的双重不如意,她感受到了前所未有的惆怅和挫败。

调令下达的那一天,她独自回到了曾经奋斗过的熟悉的车间。坐在车间外的马路边,她想到了18岁那年怀揣着美好与天真只身闯荡深圳的勇敢的自己,想到了这些年拼尽全力追逐成长和梦想的努力的自己。在时光的光影交错中,她重新找回了天生要强不服输的倔强,以及踏踏实实走好每一步的坚定决心。

从车间回来后,欧木兰释然了。她很快调整了心态,一如既往地以乐观、积极的态度投入到了新的工作中去。在此后的6年时间里,欧木兰凭借自强不息的拼搏精神和不屈不挠的奋斗精神再一次重现了历史——从最基础的职位做起,一步步晋升为部门领导,并且在经历了几个部门的轮岗后,最终被提拔为拥有3000多名员工的公司的"二把手"。

不仅如此,在紧张的工作之余,欧木兰还利用业余时间自修了会计课程和MBA课程。

第一章 欧木兰
经营升维,从工厂女工到科技实业掌门人

1999年,欧木兰28岁。时间没有早一步,也没有晚一步,在扎根深圳的第十年,聪慧、睿智的她实现了当年在工厂车间许下的第一个十年愿望:成为一名优秀的职业经理人。

欧木兰的名字中有"木兰"二字,"木兰"是一种先花后叶的观赏花木,早春开花时,满树紫红色花朵,幽姿淑态,其香如兰,其花如莲,别具风情。回顾扎根深圳的这十年,她把人生中最美好的时光奉献给了青春热血的华强北;她用勤劳的双手和双脚,丈量出了从一名基层员工到高级管理者的距离;她让自己真正成长为一棵丰硕的"木兰树",倔强、灿烂地开出了属于自己的"木兰花"。

对于欧木兰而言,十年洗礼,成就的不仅是事业和人生,还有思维和眼界。20世纪90年代,下海潮和自主创业浪潮愈演愈烈,身处电子行业中的欧木兰感受尤其真切,她感觉自己似乎已经触及了事业的天花板,一个大胆的想法涌入了她的脑海:我为什么不自己创业?

她被自己的想法吓了一跳,也从这个想法中感受到了久违的、不一样的激动。就这样,她果断辞掉了高薪稳定的工作,告别了奋斗了十年的企业,结束了打工生涯,开启了自己的创业之路,完成了人生的又一次升维,也由此揭开了下一个十年的序章。

商业升维：从电子贸易到入局显示屏市场

作为一个时代的尾声，一个世纪的终章，1999 年是极其特殊的一年。

彼时的中国在经历了改革春风 20 年的吹拂后，迎来了蓬勃的发展生机，自主创业的嫩芽在春风中含苞待放——这一年，马云在杭州创办了阿里巴巴，腾讯正式推出了第一个即时通信软件，携程、当当、盛大、易趣、天涯社区、8848、红袖添香等众多耳熟能详的企业站在了同一起跑线上……

处于改革开放前沿的深圳更真切地感受着春风的吹拂，它承载了无数人的创业梦想，比如欧木兰。

1999 年，28 岁的欧木兰开始创业。辛苦积攒多年的 10 万元创业基金，过去十年在工作中积累的市场操作方法和经验，满腔的创业热情和吃苦耐劳的精神，是当时的欧木兰拥有的全部创业资本。辞职时，欧木兰曾向对她有知遇之恩的前公司老板做出了郑重承诺——不做和原公司一样的电子成品业务，不做同行业竞争的事业。为了信守承诺，欧木兰将创业的方向定为做配件贸易。

第一章　欧木兰
经营升维，从工厂女工到科技实业掌门人

从开始创业的那天起，欧木兰的人生角色便发生了变化：过去是别人求着她进货，现在变成了她求别人买货。如何顺利地转换角色，如何又快又好地将货卖出去，成了她打开创业大门最难也最关键的一步。

"公司开业后，连续3个月没有一单生意，那种恐慌，真是让人食不下咽，夜不能寐。转眼间，四五万元就像流水一样花出去了。"回忆起创业初期的艰难，欧木兰至今仍记忆犹新。残酷的现实和巨大的创业压力没有留给欧木兰迷茫、悲观的时间。在经历短暂的恐慌后，她很快镇定了下来，选择了迎难而上。

不会做贸易怎么办？从头开始，努力去学。那段时间，欧木兰几乎天天泡在深圳华强北，一边看别人怎么做买卖，一边认真学习，在看和学的过程中，她渐渐悟出了一些做贸易的门道。

没有业务怎么办？四处出击，努力去跑。她带着自己的产品踏上了上门推销的道路。那段时间，她的脚步几乎踏遍了深圳的每一寸土地。到第四个月时，她终于成功把产品卖了出去，大约半年后，通过自己跑出来的生意再加上她原来工作过的企业帮忙，欧木兰赚到了创业以来的第一桶金。

最初，欧木兰主要代理日本的产品线，在市场上站稳

脚跟后，她又将自己的代理范围延伸到了韩国和美国的产品线，并再次取得了不错的成绩。随着代理产品线的不断延伸和代理市场的不断扩大，欧木兰的全球化思维也逐渐形成。此时的她不仅摸索出了一条属于自己的电子贸易之路，撑起了创业的一方小天地，而且积蓄了可观的财富，拥有了更开阔的眼界和格局。

诚然，在纷扰的人世间，许多的路都是在未知的混沌中摸索着走出来的，创业之路尤其如此。要想在这条荆棘与鲜花同生共长的道路上走得更远，不仅需要勇气，有时候也需要一点"运气"。

在创业的第 7 年，勇气无限且准备充分的欧木兰终于等到了属于她的那份好"运气"。

2006 年对于欧木兰而言是一个值得纪念的年份，之所以说她的好"运气"在这一年终于来临，主要有两方面的原因。

一是她遇到了影响她一生的老师和朋友——行动教育。

欧木兰和行动教育的结缘其实是一个十分"老套"的故事：有一次在和朋友聊天时，朋友向欧木兰介绍了行动教育和李践老师。欧木兰是一个注重学习并善于学习的人，当时的她为了不断提升自己学习了很多课程。在听完朋友的介绍后，欧木兰很快就报名了行动教育的"赢利模式"

课程。

"第一次学习李践老师的'赢利模式',我最大的收获就是有了企业企图心和聚焦成为隐形冠军的能力。"谈起和行动教育的结缘,欧木兰强调说。在这之前,叱咤商海多年的欧木兰已经赚了一些钱,但她总结不出自己赚钱的原因和方法。而在行动教育的"赢利模式"课堂上,欧木兰找到了商业成功的方法论和支撑条件,她对自己的创业过程有了更清晰、更全面的认知和总结,这为日后她将企业做强、做大打下了坚实的基础。

更重要的是,通过这次学习,欧木兰升维了自己的商业认知,她的脑海中勾勒出了更宏大的商业蓝图。如果说在此之前她创业仅仅是为了赚钱,为了给家人更好的生活,那么自那以后,她开始有了国际化的思维和成为行业第一的决心。

二是嗅到了行业风口,入局了充满无限可能的显示屏行业。

欧木兰算得上是电子行业的"老行家",从踏入深圳这方热土的第一天起,她就一脚迈进了电子行业的门槛。在此后的漫长时光中,无论是当初打工、做职业经理人,还是后来创业,她都始终身处行业之中。多年的耳濡目染和身处其中,让欧木兰在见证了中国电子产业格局不断变大、活力不断增强的同时，也具备了敏锐的市场判断力和前瞻性的战略眼光。

2003年，法国爱可视（ARCHOS）首次将MP4的概念带入中国。在此之前，中国人生活中的电子产品主要集中在"听"的领域，如收音机、复读机、MP3等。而全新的、集音频、视频、图片浏览、电子书、收音机等于一体的多功能播放器MP4的出现，标志着中国电子行业正式进入了"看"的领域。

除了日常生活领域外，在一些工控领域、数码领域等，电子产品也开始发挥"看"的功能。

尽管只有蛛丝马迹，但扎根行业多年，拥有灵敏嗅觉的欧木兰已经明确地意识到：电子行业的市场慢慢变了，"听"的时代已经过去，一个全新的"看"的时代已经来临，未来，人们将越来越注重科技为视觉感官所营造的美好感。

捕捉到了风口的欧木兰，迅速为自己规划了一条新的创业路径：切入显示屏市场。

最初，欧木兰的规划是借助自己多年构建的贸易网络，建立一个有核心竞争力的显示屏交易大平台，找到一些有生产能力的厂家生产显示屏，然后贴牌销售。2006年，欧木兰正式注册了深圳市国显科技有限公司（简称国显

第一章　欧木兰
经营升维，从工厂女工到科技实业掌门人

科技）。

说起"国显"的得名，还有一个有趣的故事。当年，为了找到合适的代工厂生产显示屏，欧木兰专门去大连找到了一家名为"大显"的工厂。当时，"大显"的产品线主要是 CRT 显示器[○]。

在考察"大显"的过程中，欧木兰暗暗地想：大连的显示器生产商就叫"大显"，名字显得不大气。如果我有一天开公司做显示屏，我就要取名"国显"——享誉全国，在国际市场上占有一席之地。

这个想法让欧木兰灵机一动，回深圳后，她很快就注册了新的科技公司，命名"国显"。"做企业就要有企图心，不能畏畏缩缩、瞻前顾后，要做就做到最好。"谈起"国显"的命名初衷，欧木兰"霸气"地解释道。

国显科技专攻 GPS 和液晶显示屏。从 2007 年到 2009 年，它在 GPS 行业做到了全球市场占有率 10%，单月出货量最高峰达到 100 万片，独创了和面板厂开客制化模具，公司通过了国家高新技术企业的认定。与此同时，凭借着

○ CRT 显示器，是一种使用阴极射线管（Cathode Ray Tube）的显示器。主要由五部分组成：电子枪、偏转线圈、荫罩、高压石墨电极和荧光粉涂层及玻璃外壳。

定制化产品,以用户为本,它也成为液晶显示屏细分领域的主流供应商。优异的品质、合理的价格,使国显科技的液晶显示模组迅速赢得了市场的青睐。

仅用两年时间便取得了如此骄人的成绩,站在第二个十年的终点上,欧木兰实现了商业升维,用实力证明了自己的价值。

战略升维:
助力企业从 1 亿元到 10 亿元再到 100 亿元

时光回溯到 2009 年,在深圳机场候机厅的书店里,一位留着短发、穿着干练的女士随手翻阅着放置在书架最显眼位置的一本书——稻盛和夫的《活法》。

这位女士便是欧木兰。

当时的欧木兰正在机场等待飞往德国的飞机。如果没有意外,实现了财富自由的她不久后将带领全家老小再次出现在同样的地方,并登上移民德国的飞机。欧木兰的移民初心很简单:过上可以预见的美好生活。

而这一切却因为一本书改变了。更准确地说,改变这一切的并不是书,而是深埋在欧木兰心底的伟大使命。

在《活法》中,稻盛和夫阐释了两个重要观点:一是

第一章　欧木兰
经营升维，从工厂女工到科技实业掌门人

给出了活着的理由——为了比出生时更进步一点，为了带着更美、更崇高一点的灵魂死去；二是阐明了单纯的物质追求无法让人幸福，精神追求才能获得成就感。

这两个观念像两把锋利而温柔的剑，一下击中了欧木兰的心。

在去往德国的飞机上，欧木兰在心里一遍遍追问自己："我活着的意义是什么？我的精神追求到底是什么？"回顾过去的20年时光，初入深圳时，她的理想是成为一名像荣经理一样优秀的职业经理人，通过10年的奋斗，她做到了；辞职创业时，她的目标是实现财富自由，十年磨一剑，她也成功了。站在人生又一个十年的岔路口，她甘心把宝贵的十年浪费在悠闲自在的生活之中吗？

欧木兰给出了否定的答案。她第一次真正看到了内心深处的极致渴望和人生使命：成为一个受人尊敬的企业家，打造一家受人尊敬的世界级企业。

为此，欧木兰做出了人生中最重要的一个决定：打消移民念头，转型实业，将做贸易赚得的5000万元全部投进国显科技，全身心投入到液晶显示屏的研发、生产和销售事业中。

在今天来看，促使当时的欧木兰做出这个重大决定的还有另外三个不可忽视的重要原因。

一是她认为长期经营贸易公司容易让人形成刻板的商人思维，而要想做一个受人尊敬的企业家，就必须摆脱它，必须向实业转型。

二是 2007 年的华尔街金融危机在 2008 年全面爆发，并在 2009 年出现了愈演愈烈的趋势。尽管这场声势浩大的"金融海啸"对欧木兰经营了十几年的电子外贸事业产生了不小的负面影响，但乐观的欧木兰认为危机中必然隐藏着机遇。她坚信金融危机在某种程度上也是一种契机，是通过实业实现弯道超车的最佳机会。

三是当时的苹果手机等触摸屏智能手机已经展露出惊人的市场统治力，作为手机"老势力"代表的诺基亚则呈现出了颓势，这意味着未来液晶显示屏将成为主流。而此时国内的液晶显示屏设计和生产能力几乎为零，产品全部来自于国外的玻璃原厂且市场供应极度不稳定。这让欧木兰嗅到了潜藏在液晶显示屏制造中的巨大商机。

基于以上三点，欧木兰认定：此时进入液晶显示屏研发、制造行业，从贸易转向实业是最好的选择。

清爽的短发、凛冽的目光、干练的着装，这是欧木兰留给许多人的第一印象。在她身上，总能感受到强大而自信的气场。这种气场与她说一不二、拿定主意就立马去做的个性极其匹配。

第一章 欧木兰
经营升维，从工厂女工到科技实业掌门人

2009 年 5 月，几乎把所有身家都押在了液晶显示屏上的欧木兰开始研发 10.1 寸液晶显示模组。由于肯投入且足够重视，10.1 寸液晶显示模组的研发十分顺利，仅仅用时 3 个月就开始量产，开创了国内第一家模组厂供应"中尺寸"的先例，因为合理的价格和良好的品质受到了市场一致好评，并且成为行业的领军产品。

这是转型实业的国显科技打响战略升维的"第一枪"。在此后的十年时间里，欧木兰一鼓作气，率领国显科技先后进行了 5 次战略升维（如图 1-3 所示），率先让国显科技开创了活力民企与实力央企"联姻"的先河，把国显科技打造成了显示屏行业冉冉升起的巨星。

图 1-3　国显科技的 5 次战略升维

1. 规范：2010—2011 年

初生牛犊不怕虎，在转型实业的第二年（2010 年），国显科技的产值就达到了 1.32 亿元。对于一家拥有自主创新能力的制造企业而言，这个成绩相当耀眼。

然而，尽管准备充足，开了一个漂亮的好头，但由于做贸易和做实业有着巨大差别（如图 1-4 所示），在从贸易转向实业的前两年，国显科技还是不可避免地陷入了困境。

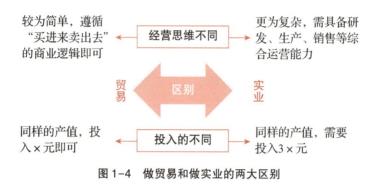

图 1-4　做贸易和做实业的两大区别

当时，资金不足是国显科技遇到的第一个发展难题。

2010 年，国显科技迎来了转型后的关键第一年。当时的欧木兰还保持着做贸易时的惯性思维。令她始料未及的是，做实业需要投入的资金是做贸易时的 3 倍，在勉强支撑了一年后，国显科技的资金链很快便出现了问题。

"国显科技刚创办的那段时间，真的可以说是从'死人堆'里爬出来的，这个行业太残酷，简直耗尽了我全部的力量。"回忆起事业刚起步的困难时期，欧木兰坦言也有过后悔，但她认为，既然踏出了这步，就像离弦的箭，已无回头之路。

为了挺过去，欧木兰抱着破釜沉舟的决心卖掉了深圳的房子，将筹集的 3000 万元资金全部投进了国显科技。就这样，国显科技艰难渡过了资金链难关。正在欧木兰决定大干一场的时候，又一场更大的危机悄然笼罩了国显科技。

那是 2010 年年底，由于抱着过去做贸易公司时"买进来卖出去"的商业旧思维做实业，国显科技出现了成立以来最大的品质事故。当时，国显科技在全球范围内共召回了价值 2000 万元的不良产品，同时赔偿了 600 多万元的损失。

这次重大品质事故直接令刚刚起步的国显科技元气大伤。通过这次事故，欧木兰意识到了脚踏实地做企业的重要性。从那时候起，欧木兰下决心要转变思维，敬畏品质，并带领国显科技一步一个脚印走向规范化、品质化道路。

这是国显科技的第一次升维，它让国显科技从抱有侥幸心理走向了专业、规范，为其日后的做强、做大奠定了坚实基础。

2. 做大：2012—2013 年

如果说，做贸易和做实业的差异是国显科技在从贸易转向实业的过程中跨越的第一道升维门槛，那么实现用户群升级就是国显科技经历的一次脱胎换骨的升维洗礼。

2012年，在经历了规范化升维后，国显科技逐渐步入了正轨，迎来了稳步发展。与此同时，随着智能手机、数码相机等电子产品的日益风靡，液晶显示屏行业也迎来了高速发展。出于对未来更长远发展的考虑，欧木兰提出了上市计划。而要想顺利上市，摆在国显科技前面的第一道难题就是用最短的时间做大企业，实现企业业绩的高速增长。

为了破解难题，欧木兰决定启动"大用户战略"，主攻国际品牌用户，实现用户含金量的升级。

欧木兰的这条思路，正是受到了李践老师"大鲸鱼战略"的启发。从2006年第一次接触李践老师的"赢利模式"课程到2012年，欧木兰用了6年的时间对其进行了深入的学习和研究。她十分认同李践老师在"赢利模式"课程中反复强调的一个观念——80%的业绩来自于20%的用户。她的想法很成熟：如果能把行业前10位的大用户都变成国显科技的用户，那么国显科技的业绩一定能够得到大幅提升。

令欧木兰意外的是，她的"大用户战略"遭到了国显科技核心团队成员的强烈反对。他们的反对理由主要有两点：一是启动"大用户战略"意味着要放弃现有的大部分用户，而且后台的品质管理也需要提升，现有员工的能力很难匹配，在思想上也很难认同；二是大用户账期往往很长，会造成巨大的资金压力。

核心团队成员的反对并没有让欧木兰退缩。在公司的内部会议上，她斩钉截铁地强调："道路向上走当然难，而下坡路很容易走，这是人的惯性。我都有信心从零开始，你们怕什么？"对于可能遭遇的挑战，欧木兰在经过了深思熟虑后制订了可行的应对方案，如图 1-5 所示。

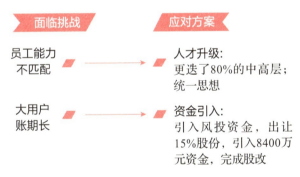

图 1-5　突破万难，实现大用户战略

正如每一朵花在绽放之前，都一定要熬过寒冬、经受狂风暴雨的洗礼一样，想要百尺竿头更进一步的国显科技在迎来做大升维后的怒放之前，也遭遇了腾飞前的寒冬。

2012 年，国显科技在启动了"大用户战略"后的当月，销售额便从过去的四五千万元骤降到了一千万元左右。随着这种下滑状态的持续，一时间公司内议论纷纷，反对的声音此起彼伏。

但倔强的欧木兰顶住了压力。为了尽快扭转局面,她亲赴一线跑业务、见用户,仿佛又回到了 28 岁刚创业的那一年。终于,在第四个月,"大用户战略"的优势初见端倪,国显科技的销售额回升至两千多万元,后台也配套进行了相应的升级改造。

直到这时,欧木兰紧绷的神经才终于得到了暂时的舒缓。她知道,所有的成长都一定会经历阵痛,而"痛"过后的国显科技即将迎来全新的自己——2013 年开年,国显科技便接到了 10 亿元订单。

至此,国显科技完成了第二次升维,由此迈上了崭新的发展台阶。

3. 健康:2014—2015 年

2014 年是国显科技进入液晶显示屏行业的第八个年头。随着"大用户战略"后劲来袭,有了稳定大用户群体的国显科技成为智能手机、平板电脑、可穿戴电子设备、智能家居等电子产品液晶显示屏的供应商,并且完成了从"白牌"到品牌的转换。

然而,欣欣向荣之际,危机悄然来临。

彼时,国显科技最大的用户是中国台湾的胜华科技股份有限公司(以下简称华盛)。这家集 LCD、LCM 和触控屏生产于一体的制造厂商,在中国台湾建有七家工厂,在中国大陆设有三家工厂,拥有员工一万五千人,是苹果、小米、联想等多家知名企业的重要供应商。谁也没有料到,这样一家曾经位列全球触摸屏前三强、产值超 200 亿元的上市公司却遭遇了一夜倒闭。

雪崩之时,没有一片雪花不受牵连。

当时,国显科技在华盛还有 4000 多万元的应收账款没有收回,这笔数额巨大的账款足以令刚刚恢复元气、步入正轨、取得一定成绩的国显科技再次"伤筋动骨"。为了最大限度地减少损失,欧木兰带领团队开启了长达 3 个月的追债之路。

在这个过程中,欧木兰看到了几百家深受影响的企业日日守在华盛门口追款,其中的四五十家企业因为迟迟收不到账款,最终支撑不住宣布了破产;她还看到了上万名失业的华盛员工被迫丢了饭碗……这触目惊心的一幕幕深深触动了欧木兰,她在心里一遍遍告诉自己:有生之年,在经营企业的每一天,一定不要伤害任何人,要做一个负责任的企业家。

也是从那一刻起,欧木兰把国显科技的健康发展摆在了最重要的位置。

由于迟迟要不回华盛的 4000 多万元欠款，国显科技的上市计划不得不暂时中止。这时候，许多证券公司纷纷找到欧木兰并提出了并购计划。当时，这些证券公司开出的条件都不错，有人甚至开出了估值 13 亿元的高价。

在经过了深思熟虑后，2015 年 10 月，欧木兰拒绝了那些开出高价的证券公司，转而带领国显科技与中国建材凯盛集团旗下的上市公司方兴科技以 7 亿元估值进行了联合重组。之所以选择中国建材，欧木兰的理由很简单：一方面，她十分认同时任中国建材党委书记、董事长宋志平同志提出的"央企实力+民企活力=竞争力"的观点；另一方面，她十分认可中国建材的全产业链协同优势，在她看来，和中国建材合作具有 4 大优势，如图 1-6 所示。

图 1-6　国显科技和中国建材合作的 4 大优势

此时的欧木兰，放弃了对财富的单纯追求，转而让国显科技健康地活着。而实力雄厚的中国建材显然具备这样的能力。她坚信重组后的国显科技将依托方兴科技、凯盛集团、中国建材的资源技术优势，迅速整合上下游资源，迎来更健康、更持续的跨越式发展。

这是国显科技的第三次升维。有了国有企业雄厚资本的加持，再加之民营企业的灵活机制，国显科技的健康发展似乎已经插上了腾飞的翅膀。

4. 自强：2016—2018 年

然而，一切并没有如预期那般美好。从民营企业到国企的转变让欧木兰很不适应。

"2015年第一次参加中国建材集团的年会，很惭愧，都听不明白领导们的工作报告。"谈起与中国建材重组后的最初感受，欧木兰如是说。

很快，更多的不适接踵而至。一方面，民营企业的作风、经营思路与央企相差甚远；另一方面，在文化、制度、决策流程方面，央企与民企也差异巨大。这些差距都成了国显科技与央企融合治理时的巨大"绊脚石"。

"一度碰得头破血流。"欧木兰如是说。

当初选择央企，欧木兰抱有两个希望：一是希望获得新的资源和新的投资；二是希望借助央企的实力突破发展瓶颈，再登发展新台阶。然而，理想很丰满，现实很骨感，由于当时的中国建材正面临供给侧改革，资金一时半会儿进不来，对国显科技的投资只好暂时搁浅，产业链协同困难重重。与央企重组的优势并未完全发挥，国显科技希望借势突围的梦想也破灭了。

当所有美好希冀统统被现实的冷水浇灭后，怎么办？欧木兰给自己的答案只有两个字：自强。

她要求自己尽快了解中国建材集团的文化与工作要求。为此，欧木兰积极组织关于央企管理的各项培训，以便更快地融入新的集体。与此同时，欧木兰还迅速制定了突围策略，致力于实现人才、服务、信息化三重升级（如图 1-7 所示），力求以有限的资源向上求发展。

人才升级
引入国际化人才，开启全球大用户开发

服务升级
优化组织架构，缩短反应周期，快速响应用户需求

信息化升级
升级ERP、EHR、CRM系统，上线PLN项目管理系统、WMS物流管理系统、QMS质量管理系统、MES生产管理系统

图 1-7　国显科技的人才、服务、信息化三重升级

欧木兰的突围策略很快凸显成效。2016 年，国显科

技从专注平板领域扩展出海外、手机、笔记本电脑 3 个新的销售部门，产品线从原来的 15 条平板产品线扩展到包含手机、工控、平板、笔记本电脑等在内的 50 多条产品线。与此同时，国显科技实现了日本、美国、韩国等重要用户上的突破，实现了 50% 的业绩增长，营业收入突破 21 亿元。

亮眼的成绩让欧木兰对国显科技未来的发展充满了信心。

为尽快达成百亿企业目标，2007 年，欧木兰在企业内部实施了事业部制管理，将公司分成独立核算的 4 个事业部，4 个事业部各自承担相应的 KPI 指标，事业部负责人按照授权，充分调动事业部人员的积极性，围绕达成 KPI 指标展开工作。总部平台部门则担负管理职能，不仅要为事业部经营提供必需的公共服务，还要为公司的战略发展做好必要的准备。

在启动事业部管理的同时，国显科技开始大规模招聘。

应该说，这些举措在一定程度上为国显科技的业绩增长提供了有力保障。2017 年，国显科技业绩再创新高，实现了销售收入 24.5 亿元。然而，新建事业部人员和团队营运能力偏弱、效率无法达标、新部门损耗浪费多、快速扩张后基本功不扎实等问题也成了国显科技发展路上的羁绊，加上日益上涨的库存，都为未来埋下了隐患。

2018年上半年，液晶显示模组行业陷入周期性的供过于求状态，产品价格下滑趋势明显，消费市场进入观望期，整体市场出货量下滑超20%，且玻璃原厂还在逐渐扩大业务范围，挤占了模组企业的空间，企业的生存变得艰难。与此同时，国显科技的事业部机制使得内部团队运营成本居高不下。

面对内忧外患，欧木兰痛定思痛，决定全面践行中国建材集团组织精健化、管理精细化、经营精益化的"三精"管理模式。一方面，她聘请了有多年华为任职经验的顾问团队和专业人员进入国显科技，帮助提升国显科技团队成员的经营管理能力；另一方面，她迅速着手进行组织调整，取消了事业部运营模式，精简非生产人员，重整业务发展。

由于措施得力，4个月后，国显科技终于止损，进入了相对平稳的运营状态。

至此，国显科技的第四次升维——自强升维终于完成。通过这次升维，国显科技正式开启了企业自强之路，实现了从民企到混合制企业的转换，做到了在央企环境下保持民企的活力，在风雨飘摇的大环境中收获更强的企业竞争力。

5. 共生：2019—2020 年

有人说人生是一场修行，欧木兰认为，做企业更是一场修行。在历经一次次艰难痛苦的升维洗礼后，国显科技终于迎来了破茧重生。

2019 年是国显科技的涅槃之年，通过积极推行中国建材集团的"三精"管理，公司在应收账款及库存压降工作上取得了显著成绩，成立经营管理部推动经营意识的强化，在管理层思想上从管理到经营的理念得到牢固树立，随着精细化核算工作的展开，管理颗粒度细化工作也同步开展，营业额突破 32.5 亿元。

但有着强烈创业"企图心"的欧木兰显然并不满足于现状。结合"中国制造 2025"战略，以及 5G 时代的显著特点，欧木兰意识到未来国显科技发展的核心和重点是要进行产业的迭代升级，构建与时代匹配的能力。基于此，具有前瞻性眼光和过人胆识的欧木兰决定带领国显科技进入企业产业协同发展阶段，再一次实现升维——共生的升维。

按照欧木兰的规划，国显科技的产业协同发展共分为 3 个阶段，如图 1-8 所示。

升维成功后的国显科技将打造一个工业互联网平台，

实现大数据、智能制造、赋能产业链三重升级,如图 1-9～1-11 所示。届时,国显科技将成为真正与 5G 时代发展相匹配,拥有大格局,更专注于为产业发展、为社会进步做出更大贡献的现代化企业。

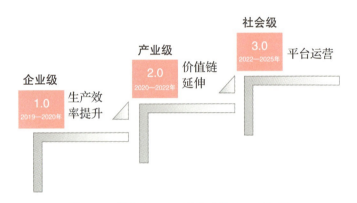

图 1-8 国显科技产业协同发展的 3 个阶段

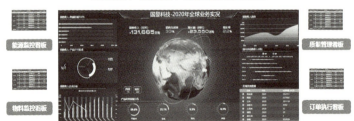

图 1-9 大数据升级

投入自动化设备，打造熄灯工厂和立体仓储

自动化升级中心　　自动仓储（2021）　　智能工厂（2021）

图1-10　智能制造升级

通过大数据信息、经营管理经验、自动化升级，帮助上下游管理升级

国家级工业4.0制造示范基地：业务信息化和设备自动化高层次的深度结合，构建智能制造示范园区

信息显示新材料检测中心：以解决蚌埠专业检验领域市场空缺为切入点，辐射华东市场

信息显示设备产学研基地：充分利用行业闲置设备与学校进行学研合作，为国显以及行业做好专业人才储备，填补行业人才缺口

自动化设备研究中心：借助集团机电研究所的雄厚实力，以国显设备自动化改造为试点，进入行业设备自动化升级的庞大市场

自动化设备研究中心

结合蚌埠玻璃研究院的研究成果以及专家团队，以信息显示应用为研究方向，为产品创新提供技术支持

图1-11　赋能产业链升级

目前，国显科技已经顺利完成了产业协同发展的第一阶段，并且成绩显著：2020年，国显科技实现了年收入42亿元，成为国家级两化融合示范基地、行业信息显示产学

研基地，获得中国建材六星级企业、国家海关 AEO 认证。

路漫漫其修远兮，未来三年，国显科技还将永葆初心、砥砺前行，力争实现年产值 100 亿元的经营目标，打造工业 4.0 的示范基地，成为显示行业标杆企业和行业赋能平台，以及整个显示应用产业不可或缺的合作伙伴。

这是一份美好的期许，也是欧木兰强烈创业"企图心"的最好体现。

商道无形，商道即人道；商品有形，商品即人品。欧木兰始终认为：企业家修行升维即经营升维。回顾过往人生，第一个十年，她把青春留在了热血奋斗的华强北，完成了从普通女工到职业经理人的职业升维；第二个十年，她潇洒转身，勇敢而果决地一头扎进创业浪潮，从电子贸易到入局显示屏市场，完成了自己的商业升维；第三个十年，她换上实业列车，通过五次关键的战略升维，冲破了经营企业的重重困难，带领企业自强与共生，将不可能变成了可能。

任重而道远，今天，欧木兰的升维之路仍在继续。我们相信在她的带领下，国显科技一定会成为世界显示屏行业中的领军企业。

姚红超

第二章

产业升维,从亏损1400万元到盈利3500万元

1999年,马云在杭州创办阿里巴巴时曾发出了"让天下没有难做的生意"的豪言壮语。几年后,一位受马云启发而选择迈入互联网行业的年轻人,创办了中国十大钢铁电商平台之一——中钢网,并喊出了"让天下没有难做的钢材生意"的口号。

这位年轻人就是成功实现了从"国企人"到"互联网人"转型的姚红超。

2000年,姚红超勇敢地舍弃了"铁饭碗",从安阳市物资局职工"下海",成为钢铁行业的创业者。在近二十年的创业时光里,他带领中钢网一路披荆斩棘、高歌猛进,从一家沉浮于互联网大海,名不见经传的小公司,成长为年交易额超千亿元,连续四年位列"中国互联网百强企业"及"中国B2B百强企业",荣获商务部电子商务示范企业、首批数字商务企业、工信部制造业"双创"

平台示范试点、制造业与互联网融合示范试点、交通部"首批无车承运人企业"等诸多荣誉称号的钢铁互联网企业领头羊。

翻开姚红超的创业画卷，我们可以用一个"敢"字来概括他的升维之路。

2000年，他舍弃"铁饭碗"，成为"下海"弄潮儿，敢为人先地迈出了创业的关键一步。

2013年，面对中钢网的生死危机，他高瞻远瞩，提出了"上市"+"互联网+"的破局之道，断而敢行地把中钢网拉出了发展泥潭。

2017年，中钢网持续亏损并遭遇资本寒冬，他稳扎稳打，提出人才强企、IPO运营、可持续发展3大战略，敢勇当先地带领中钢网从亏损1400万元到盈利3500万元。

深耕钢铁行业20余年，姚红超经历了钢铁产业从传统贸易、资讯平台到钢铁电商各阶段的发展过程，也率先将钢材现货资源搬到网上，建立了网上最大的钢材现货市场。如果说不断探索、创新是他的习惯，那么赋能钢铁产业链，打造钢铁生态圈，以科技让钢材交易更便捷，引领中国钢铁电商未来新发展，就是他至死不渝的志向。

创业：走出国企，投身贸易

1992年的中国大地，呈现出一片生机盎然的景象。

彼时的姚红超刚刚从郑州大学工学院（机械铸造专业）毕业，被分配到安阳市物资局下属的安阳市金属回收公司加工厂，从事钢铁铸造工作。恰同学少年，风华正茂，刚刚走出象牙塔，怀揣一颗赤子之心的姚红超大概不会想到，多年后，他会成为钢铁交易互联网行业当之无愧的领军人。

20世纪90年代的金属回收公司还是一个大学生们挤破了头都想进的香饽饽单位，享受着国家一系列的政策扶持，待遇丰厚。而一无背景、二无人脉的姚红超之所以能"挤"进去，凭借的正是过硬的专业成绩和踏实的工作态度。

在单位，姚红超的表现一直很优异。从员工到班组长，从班组长到车间主任，从车间主任再到生产科长，仅仅用了五年时间，他便成为单位里最年轻的中层干部和从800多名员工中挑选出的两名劳模之一。毫无疑问的是，如果一切按部就班地前行，未来他将拥有极好的前途。

但一切却在2000年改变了，时代的洪流在这一年把另一条更曲折、更艰辛、更充满挑战也更绮丽绚烂的道路推

第二章 姚红超
产业升维，从亏损1400万元到盈利3500万元

到了姚红超面前。

故事要从1992年说起。彼时，随着改革开放的春风吹绿大江南北，中国商业也开启了华丽新篇章，随之而来的是我国第一次公务员辞职"下海"浪潮。据人社部数据显示，仅1992年一年，全国便有12万公务员辞职"下海"，1000多万公务员停薪留职，在此后的十年间，这个数字还在成倍增长。张瑞敏、柳传志、任正非、冯仑等一大批我们耳熟能详的企业家，都是这次"下海"浪潮中的先驱者和弄潮儿，他们鹰击长空，挥斥方遒，凭借过硬的专业知识、技能和过人的胆识、智慧，书写了中国商业历史新诗篇。

姚红超也是其中之一，他的"下海"初衷，也极具代表性。

20世纪70年代初，姚红超出生于南阳市淅川县金河镇一个贫困的小山村，为了供养姚红超上学，一家人的日子过得很苦。毕业后，姚红超一心想让家人摆脱贫穷，过上更好的生活。然而，尽管姚红超省吃俭用，可凭借每个月为数不多的工资养活一大家人仍然力不从心。

"每个月发了工资扣除必要的生活费，剩下的都寄回老家，口袋里常常连200元都没有。"回忆起过去的艰苦岁月，姚红超感慨道。

沉重的家庭负担和拮据的生活，让姚红超产生了改变现状的想法。与此同时，身边的同事、朋友越来越多地"下海"创业，以另一种方式实现着自己的人生价值，一度令姚红超十分羡慕。在经济压力和不甘于现状的双重"刺激"下，姚红超心中那团熊熊燃烧的创业之火愈烧愈烈。于是，他做出了人生中最重要的一个决定："下海"创业。

2000年年初，姚红超从单位办理了离职手续，开始了艰辛的创业之路。

如果把1992年看作中国商业历史的一个分水岭，那么，在这之前，中国经济主要是以计划经济为主，市场经济为辅，创业主要还是依靠机会；在这之后，中国经济便逐渐过渡到了有计划的市场经济时代，专业创业也成为创业主流。

这一点在姚红超身上也得到了很好的体现。最初创业，他选择了最熟悉的钢铁贸易行业，即从当地钢材企业跑单经营钢材贸易。由于专业知识扎实，加之赶上了风口，抓住了钢铁行业最辉煌的八年（2000—2008年），姚红超的事业很快就迎来了腾飞。

创业第一年，他赚得了人生的第一个10万元；创业第二年，他投入了4万元的广告宣传费用，招聘了几个员工，扩大了事业规模，赚到了人生中第一个100万元。

第二章　姚红超
产业升维，从亏损 1400 万元到盈利 3500 万元

2003 年 9 月，已经拥有 400 多万元个人资产的他果断拿出了 200 万元，注册成立了安阳市宇通物资有限公司。

2006 年 9 月，他又投资 2000 万元成立了河南中天钢铁有限公司，这是一家主要从事以品种钢板为主的钢铁贸易流通企业。

两年后的 2008 年，河南中天钢铁有限公司的销售额已经突破 12 亿元。

走出国企毅然投身钢铁贸易，亲自经历了钢铁行业的繁荣和低迷，姚红超的事业不可谓不顺利。但因为始终有着一颗热情、直爽、想造福别人的心，他之后选择了从零做起，创业互联网。

入局：构建钢铁信息交流平台

翻开中国互联网历史，你会发现，1999 年是一个神奇的年份——这一年，中国网民人数突破 890 万人，马化腾推出了 QQ 的前身 OICQ，张朝阳成为胡润富豪榜唯一的互联网大佬，李彦宏于圣诞节离开硅谷回京欲大干一场，马云在杭州集结了十八罗汉，创办了阿里巴巴……

犹如含苞待放的花骨朵，此时的互联网行业已然在春风中摇曳生姿。许多后来我们耳熟能详,共同撑起了互联网半壁江山的知名互联网公司都在此时有了新的动作。十年后,当互联网的风口带着不可阻挡的趋势排山倒海席卷而来时,姚红超也加入了这场豪华盛宴。

故事还要从一条短信说起。

2005年6月,在上海出差的姚红超收到了一条关于上海市场上的钢材正在不断涨价的手机短信。有着敏锐嗅觉和惊人经商天赋的姚红超一眼便从这条普通的手机短信中发现了商机。当时,上海的钢价是全国风向标,由于信息相对滞后,钢材价格信息从上海传递到其他省市往往需要10~15天时间。就在姚红超收到信息的当天,河南的钢价还在持续下跌。

敏锐洞察出了钢铁价格有时间差后,姚红超在众人不解的目光中囤积了2000多吨钢材,不到半个月的时间,河南钢价果然开始上涨。最终,通过抛售手中存货,姚红超在短时间的一买一卖中净赚了八九十万元。

不仅如此,从这条普通人看一眼便不了了之的手机短信中,姚红超还看到了信息对于大宗商品的重要性,以及未来互联网发展的巨大潜力。姚红超是一个善于接受新鲜事物并对新事物高度敏感的人。而彼时,他的偶像马云一手创办的阿里巴巴已经小有成就。借由一条手机短信赚得

第二章　姚红超
产业升维，从亏损 1400 万元到盈利 3500 万元

不菲的利润后，一个强烈的念头开始在姚红超内心翻滚升腾：马云创办阿里巴巴是为了"让天下没有难做的生意"，我为什么不能创办一个网络交易平台，"让天下没有难做的钢材生意"呢？

"欲立之，则先破之"，即先打破旧有的固定模式，才能创造出新的模式。在商业竞争中，亦遵循此说。这个关于未来的转型念头，成为姚红超事业升维的初始点。

当时的姚红超对互联网一窍不通，甚至连电子邮件都不会发。但他是一个敢想敢干的人，一旦有了目标和方向，就会不遗余力地去争取和追寻。为了学习互联网知识，姚红超特意到安阳一家名叫"方圆电脑"的电脑培训学校，接受了两个月的夜校培训。

2006 年，抱着互联网企业未来一定大有作为的坚定信念，姚红超注资 1000 万元，创办了中钢网的前身——中国钢材贸易网，毅然决然地投身到钢铁互联网的艰辛创业中，就此踏上了他从事互联网行业的征程。

"当年的条件很艰苦，在几间狭小的办公室里，我们的钢铁互联网交易事业就这样开始扬帆起航，现在那里被称为中钢网的'红船'和中钢网人心目中的'井冈山'。"抚今追昔，回想起过往的点点滴滴，姚红超的眼里闪烁着点点泪光。

之所以选择入局互联网行业，姚红超给出了三个理由：一是互联网行业能够帮助别人；二是互联网行业是未来趋势；三是互联网行业可以做大做强。如今看来，姚红超的这个选择无疑是清醒而前卫的。

说他清醒，是因为姚红超从一开始就想好了要做什么——打造国内最大的网上钢材现货市场（主营钢材资讯和现货买卖平台），以"搭建供需桥梁，简化贸易流程，提升工作效率，降低经营成本"为目标，通过钢材现货搜索、行业资讯分析、钢材在线交易、电子商务服务等业务，向产业链中的钢厂、贸易企业、终端用户、物流储运及金融机构等提供多元化的综合服务。

说他前卫，是因为在遥远的2006年，互联网还并不普及。那时，还没有多少人用过淘宝购物，人们上网还要去网吧，这也注定了姚红超要在入局互联网这条孤独的道路上付出更多的艰辛。

为了培养第一批原始用户，在中国钢材贸易网成立的前三个月，姚红超亲自带着团队挨家挨户上门推销，不遗余力地向之前的老用户们介绍互联网的好处，讲解产品的优点。可即便如此，效果依然不理想。"当时知道互联网的人非常少，用户既没有网络也没有电脑。"姚红超回忆说。

为了尽快打破僵局，姚红超不得不用上了"先试后买"

第二章 姚红超
产业升维,从亏损1400万元到盈利3500万元

的招数。他从电脑城买来成本较低的组装电脑并装上无线网卡,与团队成员一起亲自把电脑送到用户那里,供用户体验使用。两个月之内,如果用户认同中国钢材贸易网,那么就支付电脑、网卡及中国钢材贸易网会员费;如果用户依然不认同,姚红超就派人将电脑拉走。

"这个过程非常艰难,一边摸索发展一边磨合,遇到了非常多的问题和困难。"姚红超回忆说。但好在,姚红超和团队坚持了下来。在经过了几个月的努力后,中国钢材贸易网逐渐积累了一批忠实粉丝,在互联网思维尚不普及的时代活了下来,并焕发出了勃勃生机。

在这个艰难的过程中,志存高远、敢为人先的姚红超也积攒了宝贵的互联网运营经验,他越来越清晰地看到互联网企业的巨大潜力和美好未来。对于此时的他而言,一家地域性网站已经盛不下他大大的互联网梦想了。于是,2008年,姚红超又拿出了1000万元在郑州文化路永和国际大厦买下了一层半的写字楼,开始了更大规模的扩张发展。

2009年12月,姚红超再次移师北京,更名注册成立了北京中钢网信息股份有限公司(以下简称中钢网),网站主要从事钢铁行业钢铁资讯、供求贸易、招投标、网上交易、电子商务等业务,扬起了在互联网行业逐风追浪的风帆。

就这样,一条关于钢铁价格的短信,改变了姚红超的

命运，同时也掀起了钢材贸易的变革。自此以后，姚红超踏上了追寻阿里巴巴之路的第一步。

破局："上市"+拥抱"互联网+"

在一片混沌的土地上，开疆辟地，建造出属于自己的商业王国，这大约是每一位创业者共同的憧憬与期待。而开疆辟地的过程，往往举步维艰。

这个道理，姚红超是在"血泪"中明白的。

2013年，姚红超的中钢网遭遇了有史以来最大的发展危机。彼时，中钢网的分公司已经从2011年最高峰时的24家锐减到了硕果仅存的3家，员工也从300多人锐减到了52人，总监以上级别的员工都已离职，员工毫无斗志，公司营业收入低迷，企业持续亏损，已位于生死边缘。

冰冻三尺非一日之寒，中钢网当时所面临的境况并非短时间内造成的。从2006年成立到2013年危机爆发，中钢网一共换了4任总经理，总亏损近7000万元，期间遇到各种问题。此时的中钢网，犹如一只漂浮于茫茫大海的孤舟，随时面临倒闭的危险。

中钢网的生存危机让姚红超不得不开始思考自己的选

择正确与否,以及未来的中钢网剑指何方。那段时间,他一遍遍在内心追问自己:转型做互联网到底对不对?这条路究竟能不能走通?……带着这些问题,姚红超进行了一次深度思考。也正是因为有了这次深度思考,姚红超才后知后觉地感受到互联网行业的水有多深、坑有多大。

"互联网行业有四大特征(如图 2-1 所示)。一是寡头经济,一个行业最终只能有一两家企业生存。二是投资游戏,要想做一个好的互联网平台,投资几百万元、几千万元,是不可能做好的,所以没钱肯定做不成。如果你不具备很强的互联网基因,有钱也不一定能做成。三是互联网企业通常在融到资金后,会快速抢市场、抢用户、抢人才,俗称'烧钱'。四是这个行业的多数用户,愿意让你提供服务,但不愿意付费。"谈起互联网行业的特征,姚红超如是说。

图 2-1 姚红超归纳总结的互联网行业特征

那么，结合互联网行业的四大特征，互联网企业如何能在互联网浪潮中激流勇进，走出属于自己的康庄大道呢？姚红超也给出了明确的答案。他认为：未来，互联网这条路一定可以走通，但走通的前提是企业必须弄清楚三个问题：一是定好位，即弄清楚做互联网的终极目的是什么；二是找对人，即找到真正可以帮助自己的人；三是找对事，即找到真正可以帮助企业实现创业初衷的最佳路径。如图 2-2 所示。

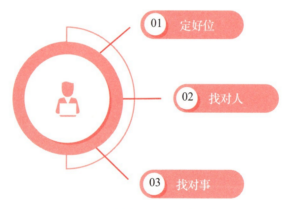

图 2-2 做互联网前要弄清楚三个问题

按照这个思路，姚红超对中钢网进行了全面深入的诊断和复盘。他认为：中钢网面临的最大问题不是没找对人，而是人的积极性和工作热情没有充分激发。除此之外，在充分激发员工工作激情的基础上，中钢网还应紧贴时代、顺应时代，抓住时代发展的脉搏。

基于此，姚红超很快就找到了破局之路。这条破局之路又可以拆分为两步。

1. 找对事——上市，突破空间限制，借助资本助推裂变

姚红超认为，要想从根本上解决中钢网的问题，首先就要稳定军心，让失去斗志的员工们重新看到希望、燃起斗志。

如何实现呢？从当时异常火热的互联网金融中得到了启示的姚红超，决定带领中钢网融资上市。

2013年11月15日，姚红超从职业经理人手中接下了中钢网的管理之棒。他接手中钢网后做的第一件事就是为中钢网寻找上市突破的机会。在查阅了大量资料、案例后，他发现新三板可能是一个最好的突破口——2013年12月14日，国务院发布了《国务院关于全国中小企业股份转让系统有关问题的决定》，明确了全国股份转让系统的性质、功能和定位，新三板的全国扩容也呼之欲出。

从宏观角度来看，新三板扩容对有能力发展壮大的小微企业，特别是大量高新技术企业而言是一个利好消息，它可以有效提高这些企业的融资便利性，降低资金对企业发展的限制。虽然说当时的中钢网营业收入少，并且一直

亏损，但它具备了新三板注册资金500万元和成立两年这两个硬性条件。这意味着，中钢网通过新三板成功上市是实际可行的。

敢想敢干、行动迅速是姚红超的特质之一，急性子的他立马开始筹备选择券商、律所和会所来进行调研，短短半个月就基本谈好了保荐券商。

姚红超至今仍记得，2013年年底，当他兴高采烈、手舞足蹈地站在大厅里告诉员工们公司马上即将上市时，回应他的却是员工们的毫无反应。在当时的中钢网员工看来，中钢网只是一家每年营业收入仅有200万元左右的小公司，而且还在亏钱，上市简直就是天方夜谭。

员工的不自信和质疑声让姚红超更深刻地感受到了团队对于中钢网未来发展所抱有的消极态度。"我感觉他们基本上已经没有斗志了，甚至连梦想都没有了，这是非常可怕的。"提起当时的情景，姚红超强调说。"所以我在心里暗暗发誓，一定要重燃大家的信心，一定要充分激活团队，挖掘员工潜能，否则中钢网就真的没有未来了。"

抱着这样的信念，在宣布上市消息两天后，姚红超便马不停蹄地制定出了中钢网年终业绩冲刺目标——12月份完成销售目标100万元。一石激起千层浪，这个数字再次招来了员工排山倒海般的质疑声。

第二章　姚红超
产业升维，从亏损1400万元到盈利3500万元

"老板又疯了，100万元怎么可能，平常才完成十几万元呀。"

"何必搞这些花架势，一点意义也没有。"

……

面对此起彼伏的议论声和质疑声，姚红超显得非常平静。从制定目标的那一天开始，他便以身作则，亲自带着团队跑市场、谈订单，同时通过制定对外促销策略、对内营造销售氛围和设计激励方式，带领团队每日进行复盘、分享、总结、优化、提炼亮点。功夫不负有心人，仅仅一个月后，时间便给了他们最好的答复——2013年12月，姚红超和团队实现了互联网创业以来的首次单月盈利，完成了126万元的业绩，不仅实现了当初看似遥不可及的100万元的业绩目标，还超额完成了26万元。

这个结果极大地鼓舞了团队。首战告捷后，姚红超又一鼓作气地开始制定2014年的战略和目标。当时，他为中钢网制定了实现收入5亿元、融资3000万元、新三板挂牌成功三个年度核心指标。就如三块难啃的硬骨头，这三个年度核心指标中的每一个对于当年的中钢网而言都是巨大的挑战。然而，对于从逆境中脱颖而出的中钢网而言，此时的困难已经不是困难，因为员工的斗志已被点燃，强大的团队凝聚力和战斗力已经让中钢网拥有了对抗一切困难

的资本和能力。

最终，通过全体员工的不懈努力，当别的企业还在观望、试探时，姚红超带领的中钢网团队已在2014年12月26日成功获得了全国股转系统的正式批复。2015年1月16日，中钢网挂牌新三板，正式开辟了钢材线上交易新模式。

犹如黑暗中闪烁的微光，上市给了身陷泥泞的中钢网新的发展希望。今天，当站在更客观的立场分析上市带给中钢网的积极影响时，我们会发现，上市为中钢网的发展带来了四大好处：一是提升了企业知名度，增加了中钢网在用户心目中的信任背书；二是帮助中钢网从资本市场融到了更多低成本的资金，增强了中钢网的核心竞争力；三是点燃了中钢网员工的斗志和对中钢网未来发展的信心，最大限度地激发出了团队的创造力和凝聚力；四是倒逼中钢网规范经营、规范管理，为中钢网未来更持久、更长远的发展奠定了坚实基础。

2. 定好位——从钢铁资讯网站升级为钢铁交易电子平台，拥抱"互联网+"

除了借助上市推动企业良性发展外，姚红超也在积极求新、求变。

第二章 姚红超
产业升维，从亏损1400万元到盈利3500万元

2013年，正当中钢网发展岌岌可危的时候，以阿里巴巴为代表的互联网行业却迎来了蓬勃发展。据中国互联网络信息中心（CNNIC）第33次《中国互联网络发展状况统计报告》显示，截至2013年12月，中国网民规模达到6.18亿元，互联网普及率达到45.8%，手机网民保持增长态势，已达5亿元。随着互联网普及率的逐渐饱和，中国互联网发展主题已经从"普及率提升"转换为"使用程度加深"。除了用户规模进一步扩大外，这一年，我国网络零售交易额也再创新高，达到了1.85万亿元，成为全球第一大网络零售市场。

在互联网行业形势一片大好的前提下，姚红超做出了一个大胆决定：借鉴淘宝和京东的商业模式，把中钢网从钢铁资讯网站升级为钢铁交易电子平台。

2014年5月17日，国家首家"两免双零"钢铁电子交易平台——"中国钢材网钢铁电子交易平台"在郑州上线。升维后的中钢网结合了物联网、云服务、云监控等高科技手段，利用手持移动终端云数据，最终实现资源展示、采购搜索、询价议价、在线下单、电子合同、电子支付等一站式操作，能够为钢铁贸易企业提供包括钢厂云直销平台、采购招投标平台、需求采购大数据云存储等服务。

从今天来看，姚红超当时的决定无疑是具有前瞻性的。

2015年3月，"互联网+"被写入政府工作报告，成为国家层面的重大举措；同年7月，国务院印发了《国务院关于积极推进"互联网+"行动的指导意见》，其中明确指出了"互联网+"创新创业、协同制造、现代农业、电子商务等11个重点行动领域将作为发展方向；同年10月，党的十八届五中全会审议通过的"十三五"规划建议，明确提出实施网络强国战略，实施"互联网+"行动计划，发展分享经济，实施国家大数据战略……

如果说在2015年之前，互联网行业还是硝烟弥漫的战场，那么从2015年开始，传统行业和互联网的"联姻"则给互联网圈带来了无限温情的色彩。至此，"互联网+"成了新的中国热词。从本质上而言，"互联网+"不仅仅是技术变革，更是一场思维变革。"+"并不是简单的两者相加，而是利用信息通信技术以及互联网平台，让互联网与传统行业进行深度跨界融合，创造新的发展生态。

从某种程度上而言，转型升级后的中钢网刚好实现了"互联网"与"钢铁行业"的完美"联姻"。

在转型之前，中钢网是一家纯粹的钢铁资讯网站，其最大的优势是资源，主要向产业链中的钢厂、贸易企业、终端用户、物流储运及金融机构等提供钢材现货搜索、行

第二章 姚红超
产业升维，从亏损1400万元到盈利3500万元

业资讯分析、钢材在线交易、电子商务服务等业务。当时，经过近十年的发展，中钢网已经积累了21万用户，品牌知名度在行业中占据前三位。而转型做交易电商后，中钢网将依托多年积累的终端采购大数据，为数百家钢铁企业提供资源展示、采购搜索、网上下单、电子合同、在线支付、订单查询、物流监控等一系列服务，真正实现中钢网产品体系的"三通一平"。

一通：现货通，把传统的钢铁交易市场搬到网上，搭建钢铁行业供需平台和买卖信息对称平台。

二通：采购通，改变以往"我主动找你问钢铁价格"的采购模式，将采购需求直接上传到网络，让采购变得更简单。

三通：招标通，主要服务于大中型企业的招投标平台。

一平：创办了免保证金、免手续费、零风险、零成本的"两免双零"交易平台，大幅削减了钢铁贸易企业进行电子交易的资金压力，为钢铁交易企业提供了安全快捷的交易保证。

从钢铁资讯网站升级为钢铁交易电子平台，标志着中钢网真正拥抱了"互联网+"浪潮，开始以互联网平台资源组织者的角色切入钢铁产业。中钢网以"产品驱动、效率为王、服务为先"为原则，致力于充分调动和协调产业

链上下游各方参与者,实现了跨越企业边际的大规模协作以及信息流、资金流和物流的无限畅通。它对放大钢厂的定制生产、提升市场占有率有显著优势,对终端用户阳光采购、多用户比价、降低采购成本具有实际作用,对革新钢材交易方式、拓宽传统销售渠道、提振钢铁贸易企业信心、推动钢铁行业转型有着重大作用,真正做到了为行业赋能,不断地创造、分享和传递价值。

最终,在上市和转型升维的双重加持下,中钢网插上了腾飞的翅膀,迎来了属于自己的高光时刻。2016 年,升维后的中钢网一跃成为中国互联网百强企业、河南交易规模最大的互联网企业。

升维:在残酷竞争中胜利突围

创业是艰难跋涉,九死一生。

十年磨一剑,从 2006 年年初成立到 2016 年快速发展,从国企"下海"创业到成为"互联网+"先行者,在时光的洗礼与磨砺中,姚红超带领中钢网走过了无数坎坷,战胜了一个又一个难关,但考验仍在进行。

2015 年,"互联网+"成为中国热词,随之而来的是互

第二章　姚红超
产业升维，从亏损 1400 万元到盈利 3500 万元

联网"新三板"火爆异常。"那时候，互联网企业在获得融资后，一般会快速抢市场、抢用户、抢人才，俗称'烧钱。'"姚红超介绍说。上市成功的中钢网也没有摆脱"烧钱"的套路，而"烧钱"带来的最直接后果则是中钢网很快便入不敷出。

"由于'烧钱'太快，最困难的时候，中钢网户头上只剩下了两千万元现金。"谈起当年的窘境，姚红超至今难忘。两千万元现金是什么概念呢？对于当时的中钢网而言，两千万元仅仅只够发放员工半年的工资。

那是 2017 年，中钢网再一次陷入了生死绝境。彼时的姚红超，仿佛又回到了四年前中钢网面临着困境的 2013 年。

怎么办？

在生死存亡的关键时刻，一筹莫展的姚红超听从朋友的建议走进了行动教育"校长 EMBA"的课堂。"山重水复疑无路，柳暗花明又一村"，这次选择，让姚红超受到了新的启发，找到了带领中钢网走出困境的新思路。

"2017 年那段时间，通过学习行动教育的'校长 EMBA'课程，我开阔了思想，升华了思维。尤其是李践老师的讲课，给了我很大的帮助，无论是人才、战略还是产品，都给了我很多启发。还有行动教育李仙老师所讲的'股权设计'课程，也给了我很多启发。"谈起和行动教育的结缘,姚红超如是说。

为了尽快带领中钢网走出"烧钱"困境,姚红超对中钢网进行了全面、深入的诊断和复盘。通过诊断和复盘,姚红超总结出了当时中钢网面临的三大主要问题,如图2-3所示。

图2-3 中钢网面临的三大主要问题

针对这三大问题,姚红超有的放矢地提出了企业"以终为始"的三大战略——人才强企战略、IPO资本运营战略和可持续发展战略,如图2-4所示。姚红超希望通过积极升维,帮助中钢网找到出路,让中钢网产生脱胎换骨的改变。

第二章　姚红超
产业升维，从亏损 1400 万元到盈利 3500 万元

图 2-4　中钢网"以始为终"三大战略

1. 人才强企战略

通过学习，姚红超意识到：人才是公司未来发展的基石，人才强则企业强，积极引进人才，激发一线组织活力，大力培育更多的优秀管理干部和骨干精英，实现团队稳定，正是中钢网最重要的任务之一。

为了培养人才，姚红超专门在中钢网设立了内部学习机构，采取多层级人才培养体系，无论是新员工还是老员工，都能在上面找到适合自己的课程。

2. IPO 资本运营战略

资本会推动裂变，这是互联网带来的好处，也是姚红超从行动教育学到的宝贵经验。

早在 2015 年，中钢网就已经上市成功，成为新三板挂

牌企业。然而，由于受市场流动性的影响，中钢网的企业资本路径并没有得到很好的提升。因此，在提出了IPO资本运营战略后，中钢网把目标盯向了创业板。此时的姚红超已经明确意识到：实现主板上市，才是企业实现跨越式发展的重要基础。

2017年8月18日，中钢网"以终为始"地框定了上市所需要的标准，正式启动了IPO上市计划，以期通过不断提升合规化运营能力，梳理各环节的内部控制措施，提升平台及产品的核心竞争力，对标已经上市的产业互联网企业，完善商业模式，让中钢网的发展借助上市的规范走得更好，走得更远（如图2-5所示）。

图2-5 中钢网上市倒计时

当时，姚红超制定了中钢网要用三年时间达成 IPO 的终极目标，这意味着在三年的时间里，中钢网的利润分别要达到 2000 万元、5000 万元和 8000 万元。然而，就在提出上市目标的那一年的上半年，中钢网还亏损了 1400 多万元。三年的利润目标，对于当时的中钢网而言万分艰巨。

目标定好了，但员工没信心、没动力，如何执行呢？

为了积极推进 IPO 资本运营战略，中钢网在制定好公司各项管理制度和激励方案后，又结合行动教育李践老师的"牛鼻子工程""大鲸鱼战略"，以及李仙老师的"效率模式"、江兵老师的"双赢绩效"、黄强老师的"无条件增长"等课程思想，总结出了持续增长的四大核心，如图 2-6 所示。

图 2-6　持续增长的四大核心

（1）高目标。

既然是高目标，必须以50%增长为基线；还要从激活思维的目的出发，从问员工想赚多少钱这个角度，让团队自动自发报高目标。事实证明，当采用这样的方式定目标时，员工最终报出的业绩目标远比公司希望员工报出的目标更高。

高目标制定完成后，还要采用数字量化目标、目标上墙、让目标制定者立军令状等方式，鞭策员工高效达成目标，并将达成结果做成标准。

（2）强措施。

在姚红超看来，要想实现企业的持续增长，光有高目标不行，没有新利润增长点的"牛鼻子"产品，没有"大鲸鱼"式的好用户，没有达成目标的方法和路径，目标定得再高也等于零。因此，为避免团队拍脑袋或拍胸脯瞎报目标，姚红超还要求团队必须制定完成高目标的详细方案。对于团队提出的目标完成方案，中钢网还会进行反复推演，直到最终达成一致。

（3）再激励。

再激励是指在公司现有激励制度的基础上，额外给予相应的奖励。

例如,中钢网的某个业务员一年要赚 100 万元,那么按照中钢网的现有激励制度,他至少需要完成 500 万元的业绩,"工资+提成"才能达到 100 万元。那么,在完成 500 万元业绩后,中钢网还会制定一个奖励政策:超过 500 万元的业绩部分,再奖励 5% 的提成;超过 600 万元的业绩部分,再奖励 10% 的提成;超过 700 万元的业绩部分,再奖励 15% 的提成。

(4)做检查。

姚红超认为,在持续增长的四大核心中,第四个核心——做检查是最重要的一环。如果没有这一环,那么,前面提到的高目标、强措施和再激励三个核心就无法发挥作用。

因此,在制定高目标、推出强措施、实施再激励的基础上,中钢网还推出了早夕会制度、日经营策略,以及关键动作标准量化检查和电网天条淘汰机制。为了进一步激励员工,中钢网还特别推出了日、周、月、季冠军奖,以及百万英雄、双百英雄和年度冠、亚、季军奖。从 2017 年到 2020 年,中钢网在 3 年多的时间里累计产生各类冠军 1400 余个,如图 2-7、图 2-8 所示。

升 维

拥抱未来商业的 10 个关键方法

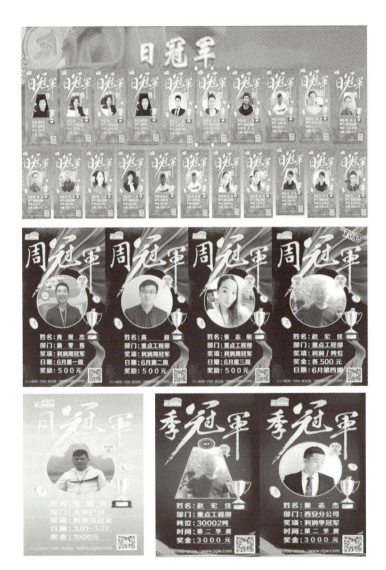

图 2-7 推出日、周、月、季,冠、亚、季军奖

第二章　姚红超
产业升维，从亏损1400万元到盈利3500万元

图2-8　推出年度百万、双百英雄奖，冠、亚、季军奖

最终，在高目标、强措施、再激励、做检查四大核心思想的指导下，中钢网在没有多少资金、没有资源，不靠关系、不赌行情，而且在行业仅有千分之几毛利的情况下，通过全员拼搏努力，连续四年入选"中国互联网百强企业""中国B2B百强企业"，以及北京市和河南省百强企业，利润也连续三年呈现50%以上复合增长，顺利进入新三板创新层，正在备战创业板。

3. 可持续发展战略

短期是急功近利，长期才能基业长青。这是姚红超从行动教育受到的最重要的启发之一。

回顾中国商业发展历程，在过去很长一段时间里，因为缺乏对商业历史发展的尊重，以及对企业可持续发展的认知，"短期获利"始终占据着企业发展的主导地位，增长率也成为无数企业衡量成功的唯一标准。于是我们会看到，一部分人总是习惯于把"名大、钱多、速成"六个字当成贴在企业家身上的固有标签，一些企业家也把"名大、钱多、速成、一夜暴富、短期致富"当成自己的追求。

然而，在过去急功近利的"短、急、快"发展节奏和"一夜暴富、一夜名大"的浮躁梦想中，许多企业吃了太多亏、接受了太多教训，这其中也包括过去的中钢网。

因此,站在又一个发展的十字路口,姚红超希望中钢网不仅要发展,更要长期、稳定、可持续。如何做到这一点呢?

姚红超把答案浓缩成了两个关键词:两个维度和"三驾马车"。

(1)两个维度。

姚红超认为,中钢网的可持续发展要紧紧围绕以下两个维度展开。

一是技术引领,精准确定公司的产品定位,做出简单、实用、有效、美观的极致"产品"应用,帮助用户提高效率、降低成本、促进发展,这也是决定企业能否在激烈竞争中生存、发展、壮大的重要因素。

二是提炼"牛鼻子"抓手,实现平台交易、新零售、自营业务三大模块并驾齐驱,构筑中钢网发展的基础,在"深挖洞广积粮"的同时,新开拓的资本运营、供应链重构、智慧物流等产业布局已探索出良好的模式并不断推进,未来将为钢铁产业的发展带来巨大推力。

(2)"三驾马车"。

"三驾马车"即平台、科技、服务,它强调的是用平台来引流,用科技做支撑,用服务出价值,以"免费行情资讯+平台撮合交易"带来庞大用户规模和交易数据，从中筛选优质的高价值用户，为其提供高端个性化的综合服务，如图2-9所示。

图2-9　中钢网三驾马车

平台来引流：中钢网以"免费行情资讯+平台撮合交易"引流，形成专业、权威、及时、准确的行情资讯和报价体系，提供高效率、低成本、快节奏的交易平台和交互体验。

科技做支撑：中钢网推出了"三通一平"，即现货通、采购通、招标通、电子交易平台。此外，通过大数据监测，发现钢铁贸易行业缺乏运前、途中、后市场等创新服务，中钢网高效整合了产业链各类资源，建立了一个轻资产运营的现代物流服务平台，以期打造协同发展、和谐发展、多方共赢的现代物流服务新生态。

服务出价值：2020年中钢网提出了以"服务"打造企业核心竞争力、以"产品"创造持续发展增长极，积极为行业上下游企业赋能。通过中钢网自身的大数据平台，不仅结合钢铁行业采购品类多、流程长、效率低、沟通成本高等痛点，为用户提供全区域、全品类、全天候的一站式比价采购服务；还基于板材种类繁多、用户需求多样，借助规模效应，进行资源整合，实现更专业、更高效、更便捷的高端定制化服务，以实现用户企业的降本增效。

在姚红超的理解里，创业就像一场球赛，再困难也要踢得精彩。柳暗花明，百炼成钢，中钢网的升维结果是有目共睹的：通过实施人才强企、IPO资本运营和可持续发展三大战略，今天的中钢网已经形成了行情资讯、电子交易、现货资源、在线招标、集采分销、智慧物流六大平台共赢生态链，打造了以平台来引流、科技做支持、服务出价值的发展模式，成为国内钢铁电商的重要力量，净利润从过去的亏损1400万元到后来的盈利3500万元，如图2-10所示。

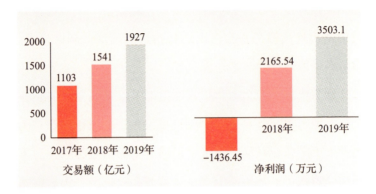

图 2-10　中钢网 2017—2019 年交易额、净利润

忆往昔峥嵘岁月，看今朝潮起潮落，望未来任重而道远。尽管成绩显赫，但姚红超的升维之路显然并未结束。他认为，这是一个最好的时代：数字技术的快速发展正在彻底改变我们生活的方方面面，不断冲击着人们的认知，还为人类开启了虚拟世界的大门，人类正式迈入智能化发展的崭新纪元；同时，这也是一个最坏的时代：市场的变幻莫测、产品的更新迭代、组织的加速进化以及转型的疲软乏力，使得传统企业如履薄冰。时代升维，企业不升，企业就会被时代降维打击。企业升维，则可以站高一线，站在高处看世界，站得更高，看得更远，行得更快。企业浅层次升维，可以跟上时代；深层次升维，则可以引领时代，成为新的浪潮之巅。

而关于未来的升维之路究竟要如何走,姚红超也早有安排。在他的未来规划里,下一个五年(2020—2025 年),中钢网将要做到净利润保底 3 亿元、冲刺 5 亿元,团队规模达到 2000 人以上。

关于未来的中钢网,姚红超脑海中也有了清晰的轮廓:未来的中钢网,要坚持在发展中创新、创新中发展,继续采用"淘宝+京东"的线上线下相结合的电子交易模式,围绕用户需求,加速产品迭代,依靠品牌十年累积的海量行情资讯、庞大交易规模和巨量采购订单,用大数据、云计算、物联网、SaaS 平台等技术手段向数据要效益,用智能提效率,促进量化融合发展。

"创业就是磨心",将"互联网+钢铁"这条路走到底,便是姚红超矢志不渝的初心和愿景。

郑远元

第三章

升维聚焦,
百亿千城万店,
为生命加分

他，出身农村，家境贫寒，但不甘环境束缚、不向生活低头，敢向困难挑战、敢向命运宣言。

他，学过杂技、当过厨师，最终用一把修脚刀改变了自己的命运，成就了自己的人生。

他，勇于担当，凭借一己之力，带领数以万计的乡邻走出大山，告别贫穷，迎来小康。

他就是陕西郑远元专业修脚保健服务集团有限公司（简称远元集团）创始人——郑远元。

如果我们认真梳理郑远元的人生经历，便会发现，在他的身上，能看到许多有理想、有激情、凭着一股敢想敢干的精神便一往无前的创业者的缩影：

小时候，因为家贫，早早就学会了独立自主和吃苦耐劳。

再长大一点，还未毕业，便辍学去打工。

积累了一定的人脉和经验后,实现华丽转身,一头扎进创业的商海。

取得了一些成绩后,却并未停滞,而是带领更多人,向着更远的远方豪情万丈地前行。

倘若我们从这些经历出发,更全面、更深刻地去挖掘郑远元的创业故事,便会发现,相较于大多数创业者,郑远元最大的不同便是从小苦大的他,不仅不甘于自己贫穷,也不甘于家乡人贫穷。

倘若要用一个词来形容郑远元的升维之路,这个词应该是"责任"。

14岁离家,他扛起的是养活自己的责任。

22岁创业,他扛起的是养活整个家庭的责任。

经过几十年打拼,在行业内站稳脚跟,在全国22个省区市开设直营和加盟店6000余家,带动5000多名老家乡亲外出务工致富,他扛起的是整个社会的责任。

人生升维:穷山村走出的企业家

"我是一个农村小孩,我不能选择我的出身,但我可以改变我的命运。"这句话是郑远元人生的真实写照。

从西安上高速，越过莽莽秦岭，约三个半小时后，抵达位于大巴山麓、汉水之滨的紫阳县城。从这里沿着盘山公路溯流而上，辗转车行约30公里，便来到了有着"地无三尺平"之称的高桥古镇。再在通向铁佛村的村道上颠簸前行20分钟，接着于无路处弃车步行，往山中再走0.5公里，一座外皮已经龟裂的两层土坯房便跃然眼前。

这便是郑远元的家。

1983年，郑远元出生在陕西省安康市紫阳县一个小山村，这个自然环境恶劣的国家级贫困县，山大沟深，信息闭塞。成长于秦巴深山的郑远元家的故事与其他山区农户并无什么不同：孩子多，家境贫寒，孩子们早早就辍学去打工，担起了养家糊口的责任。如果说一定要有什么不同的话，那就是从小自强不息、心怀梦想的郑远元没有屈从命运的安排，而是靠自己的聪明才干走出了大山，摆脱了贫困并带领家乡更多的人奔向了小康。

郑远元14岁那年，在煤窑打工的哥哥受了重伤，让原本贫穷的家庭生活雪上加霜。母亲抹着眼泪帮郑远元收拾好了行李，让他去四川达州投靠做中医修脚的姨父，学一门手艺，挣一口饭吃。就这样，勉强上完初一的郑远元无奈退学，带着身上仅有的100元，告别生活了14年的大山，第一次走进县城，也是第一次跨出省界，来到了千里

第三章 郑远元
升维聚焦，百亿千城万店，为生命加分

之外的达州投奔姨父。

在达州，郑远元的日子过得辛苦而充实。为了养活自己，他一边在餐馆洗碗打杂维持生计，曾一度当上月薪2000元的厨师长，一边跟着姨父学中医修脚手艺。期间，他还学过杂技，在农村的土台子马戏团当过学徒，甚至考上了四川省文化艺术杂技团，但最终因为交不起学费而放弃了深造。

或许是天生有这方面的天赋，或许是姨夫教导有方，又或许是自身的勤学肯练，总之，在很短的时间内，郑远元便掌握了别人花好几个月甚至一两年才能学会的修脚技艺：平刀、片刀、条刀、刮刀、锛刀，刀刀有技巧；"修、片、剥、挖、捏"，样样都精通。

2002年，已经出师的郑远元只身来到了与达州相邻的陕西汉中，准备找一份足浴店修脚工的工作糊口。临行前，他把辛苦积攒了好几年的几千元存款全部借给了准备买房的达州朋友，只留了几百元做路费。郑远元自信地认为，到了汉中很快就能找到工作，领到工资。

然而，事与愿违，到达汉中后，郑远元的求职之路却屡屡受挫，连着一个星期都没找到合适的工作。由于要租房子、要吃饭、要买生活必需品，郑远元身上的钱很快便所剩无几了。

怎么办？

为了生存下去，郑远元决定到街上摆摊修脚。

修脚术是国家级非物质文化遗产，与中医的针灸、按摩并称为中国的"三大国术"，被誉为"肉上雕花"。作为传统技艺，修脚这门职业在我国具有悠久历史。相传，周文王曾患甲病，后被一个叫"冶公"的人用"方扁铲"治愈；隋朝的《诸病源候论》中，已有胼胝和肉刺（鸡眼）的记载；而到了清朝，修脚已成为一个专门的行业。当时，许多身怀绝技的"剜窝的"（修脚师），在街头路边行艺揽活，专门替人减轻足痛，舒缓身心。

郑远元心想：学了老祖宗传下来的技艺，不然再学学老祖宗的生钱门道吧。

就这样，在来汉中的第二个星期，郑远元在汉中市汽车运输公司门口摆起了修脚摊。出摊第一天，郑远元很是忐忑，半天下来，不仅没有一个顾客前来问津，他还遭到了别人的驱赶。无奈之下，郑远元把修脚摊挪到了虎桥路口，想再碰碰运气。这一次，郑远元终于"否极泰来"，很快就迎来了第一个客人。

第一天摆摊，郑远元从早上10点一口气摆到了晚上10点。收摊回家后，他把口袋里的钱拿出来数了又数，修一次脚3元，一天下来，他发现自己竟然挣了120元，这让

第三章　郑远元
升维聚焦，百亿千城万店，为生命加分

郑远元非常开心。从这120元的"第一桶金"中，郑远元看到了希望，他决定把修脚摊继续摆下去。

当初在达州学艺时，姨夫最常说的一句话就是"心无旁骛、专心做事"，这简简单单8个字，后来也成为郑远元的人生哲学。修脚、治脚气、挖鸡眼、取肉刺……尽管摆摊是个辛苦活，但郑远元咽得下苦，受得了累，从不敷衍任何一个顾客。为了怕老顾客跑空，郑远元几乎天天出摊，风雨无阻，节假日也很少休息；为了节省时间，他常常一块饼、一碗面就是一顿饭；为了尽量少上厕所，他连水也很少喝，一天下来，常常累得两眼昏花、脖子酸疼。

付出总有回报。郑远元的勤奋、踏实被顾客看在了眼里，他的修脚摊很快就有了一大批老顾客，老顾客再带新顾客，新顾客又变成老顾客……由于生意异常好，靠一刀一剪的辛苦，郑远元每月的收入也有了近万元。

最终让郑远元下定决心终止这种摆摊生活的，是一位顾客的建议。

郑远元很聪明，一对眼睛时时透着机灵，再加之做事踏实、待人真诚，修脚手艺也熟练，很是招人喜欢。有一次，他为一位老人治好了脚病后，老人十分中肯地对他说："你这么年轻，技术又这么好，摆地摊终究不是长久之计，还是应该开个店，正规才能有大的发展。"

老人的话为郑远元指点了迷津，他意识到：要想长远地发展下去，摆摊不是长久之计，还是要开店。那是2005年年初，尽管当时的郑远元还没有想好未来的路到底要怎么走，但他下定决心要开一家正规的修脚店。这个决定，为他后来用十几年时间一点点打下修脚事业的江山奠定了坚实的基础。

郑远元是一个敢想敢干的人，做出决定后，他拿出了自己的全部积蓄，开始马不停蹄地物色门店、办执照。2005年年底，郑远元的第一家修脚店开起来了。尽管只有一间门面，但这间30多平方米的街边小店，撑起了风华正茂的郑远元盛大而光明的未来。

从地摊修脚工到"郑老板"，郑远元用了3年。22岁的他，靠自己的努力，结束了风吹雨淋的地摊生涯。

由于前期摆摊有了很好的顾客基础，再加上服务热情周到、价格便宜，郑远元的修脚店生意特别好。然而，随着光顾的顾客越来越多，另一个棘手的问题也出现了——店里人手远远不够。

这时候，郑远元想到了还在老家深山里"刨食"的童年伙伴。于是，他抽了一个周末专门回了一趟家，找到了在煤窑里挖煤的朋友，邀请他们和自己一起创业。没想到，他的一番好心却被朋友们的一盆冷水浇了个透心凉："你发

第三章 郑远元
升维聚焦，百亿千城万店，为生命加分

大财吧，我不干，即使没有饭吃，咱也不去搞修脚。""啥事不能干啊，非得去干这种下贱的活儿。""我们就是没饭吃，也不捧着别人的脚丫子赚钱！"

朋友们的话让郑远元既生气又难过，但在内心深处，他知道他们说的话也有几分道理。那时候，在许多人眼里，修脚确实是又累又苦的"下等营生"。"别人看修脚工，又脏、又累、还丢面子，可我不这么看。"郑远元说，劳动不分贵贱，能凭自己的劳动赚钱，就不丢人。也是在那一刻，他在心里暗暗发誓：一定要好好干，干出一点名堂，改变世人对修脚的看法，带领更多人靠修脚摆脱贫穷、发家致富。

后来，郑远元先从自己的家人入手，反复动员，各个"击破"。终于，姐姐、嫂子成了他的第一批新员工。2006年年初，由于修脚店生意越来越好，郑远元尝试着开了第一家分店。与此同时，由于姐姐和嫂子挣到了钱，带好了头，愿意跟随郑远元修脚谋生的乡亲也越来越多。很快地，郑远元的事业版图急速扩大，一家家分店陆续开张，仅仅一年的时间，他的十几家专业修脚店便在陕西汉中、安康和四川达州等地开张。

2007年，郑远元把修脚店开到了西安，并正式注册了陕西郑远元专业修脚服务连锁有限公司。至此，他完成了

从一个14岁就走出大山、辍学谋生的地摊修脚工,到心怀梦想、挥斥方遒的创业者的蜕变,凭借着扎实的修脚技艺和踏实肯干、能吃苦的精神,他用一把修脚刀改写了自己的命运,实现了人生升维。

古语有云,"千里之路,始于足下"。而郑远元却说,他的路永远在"脚上"。

模式升维:从手艺到产业

翻开郑远元的人生画卷,你会发现,这不仅是一个年轻人的励志故事,更是一段商业传奇。

2005年,当郑远元倾尽所有,开了人生第一家修脚店时,他最大的梦想是开一家分店。

2007年,当他的十几家分店陆续开张时,他提出了全国连锁的设想。

2015年,当他用十年时间,让632家分店遍布全国各地时,他又提出了"三年百亿,千城万店"的战略,计划在1000个城市开设10000家门店,创造超过100亿元的年经济收入,带动10万人就业……

截至2019年,由郑远元引领的远元集团已经在全国拥

第三章　郑远元
升维聚焦，百亿千城万店，为生命加分

有30家分公司，开设了6241家门店，拥有员工56169人，年产值76.1亿元。

从0到1，从1到100，从100再到10000，因为相信，所以看见；因为笃定，所以成真。应该说，远元集团之所以能在短时间内迅速扩张，把触角延伸到全国各地，既离不开郑远元的高瞻远瞩，也离不开全体"远元人"的敢想敢拼，更离不开远元集团模式升维的加持。

故事还要从2009年说起。

在2009年之前，郑远元的修脚店主要有两种开店模式：一种是合伙开设直营店，一种是加盟开设加盟店。当时，郑远元的公司在全国已经拥有400多家修脚店，其中直营店有100多家，加盟店有将近300家。就在事业风生水起，一切欣欣向荣之时，一场意想不到的风波发生了。这场风波，差点导致郑远元之前几年的付出全部打了水漂。

原来，当时社会上流行预付制会员卡，这种会员卡的特点是先交钱后消费。一些加盟商也自制了许多会员卡吸引顾客消费，但不少人拿到数万元甚至十几万元的预付费后，动了歪念，选择了卷钱走人。

这件事对远元集团产生了巨大的冲击。一是经济上的损失：尽管这些加盟店都是独立法人，出了事与公司关系不大，但为了让郑远元这个品牌走得更长远，郑远元最终选择由公司承担损失，联系那些没有消费完的顾客就近在他的直营店里消费；二是战略规划的影响：原本，按照既有规划，远元集团每年能发展100家加盟店，出了这种事后，非但之前计划的100家新店化为了泡影，还关了100多家店。

会员卡事件发生后，郑远元认真反思了远元集团的经营模式。痛定思痛，他决定吸取以前的教训，对原有的加盟发展方式进行改革，一方面加大直营店的开店速度；另一方面控制加盟店的数量，并取消加盟店直接办理会员卡的权利，更换为装有芯片的IC智能会员卡，保护会员权益。

在此后的数年间，远元集团的模式升维就这样拉开了序幕。远元集团的模式升维共分为三个维度，如图3-1所示。

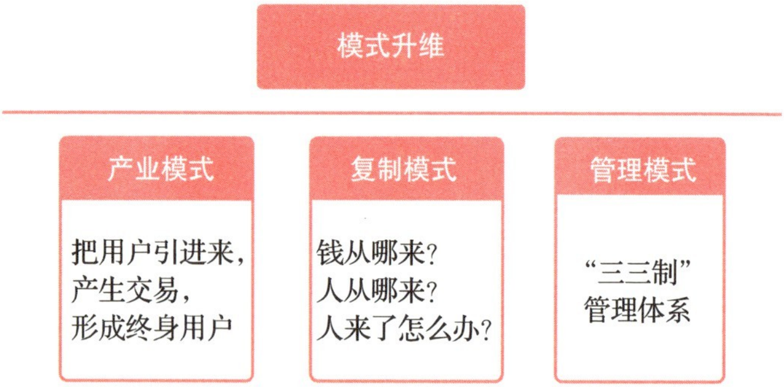

模式升维

产业模式	复制模式	管理模式
把用户引进来，产生交易，形成终身用户	钱从哪来？ 人从哪来？ 人来了怎么办？	"三三制"管理体系

图3-1 远元集团模式升维的三个维度

1. 产业模式：从 0~1

修脚其实是一门技术含量小、投资少的职业，在马路上、在澡堂里都可以做。那么，如何让修脚这项收费便宜的服务变得更有利可图呢？郑远元的答案是通过模式升维，改变顾客的认知，培养顾客的消费习惯，基于顾客需求打造出能够实现顾客引流、利润转化和顾客黏连的核心产品。

郑远元认为，产品模式是企业经营从 0 到 1 的突破，它主要解决三个方面的问题，如图 3-2 所示。

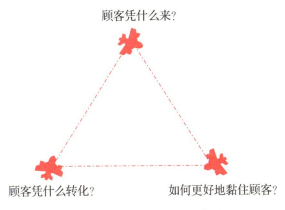

图 3-2　产品模式要解决的三个问题

（1）顾客凭什么来？

结合自己多年的从业经验，郑远元发现：大部分人第一次尝试走进修脚店，无外乎有两个原因：一是修脚舒服；二是价格便宜。基于这两个原因，在产品模式方面，远元集团特别推出了"洗脚+泡脚+按摩+修脚=8元"的引流款产品,让顾客可以在郑远元的修脚店里以最低的价格享受到最好的修脚服务,吸引顾客迈出进门消费的第一步。

当然,这里说出的8元是郑远元修脚店十年前的价格,如今随着消费水平的不断上升,这个价格在35~40元,相对而言依然是非常低廉、极具吸引力的。

(2)顾客凭什么转化?

从经营的角度而言,"洗脚+泡脚+按摩+修脚=8元"的引流款产品基本是不赚钱的。那么,修脚店的利润从何而来呢?这里就涉及至关重要的一点:顾客转化。

脚是人体的第二大脑,足部健康是人体健康的一个重要环节,它与人类寿命有着密切的关联,了解身体的健康,往往能够通过脚部感知疼痛来了解一二。然而,由于受观点、认知等多方面因素的影响,人们对足部健康的重视往往不够,这也就导致了大多数人都会有足部健康困扰,比如脚气、灰指甲、甲沟炎、血胞刺等。

通过提供脚部修护服务,帮助顾客解决困扰他们已久或者潜在的足部问题,正是郑远元修脚店实现利润转化的核心。

(3)如何更好地黏住顾客?

顾客来了,转化了,修脚店又凭什么持续留住顾客呢?

郑远元的答案是通过为顾客提供足部养护服务，打造全生命周期管理，改变顾客的消费习惯。

2. 复制模式：从 1~100

郑远元认为，复制是企业发展从 1 到 100 的关键保障，要想完成在 1000 个城市开设 10000 家门店的目标，核心便在于开启复制模式，加快复制步伐。然而，复制并不是一个简单的动作，它涉及方方面面，其中最核心的便是企业必须具备强大的人力供给能力与资金供给能力。

远元集团的复制模式主要致力于解决三大问题，如图 3-3 所示。

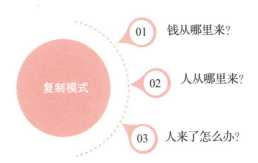

图 3-3　复制模式需要解决的三大问题

（1）钱从哪里来？

修脚店快速复制要解决的首要问题就是资金问题。远元集团解决快速复制的资金问题的途径主要有两条：一是店面高利润;二是顾客充值类金融。

这两种方式为远元集团的门店快速复制提供了强大的资金保障,让远元集团截至目前几乎没有银行贷款,即便是在2018年,远元集团迈开快速扩张步伐,拓店多达2000家,实现了1∶2的拓店率,也都是通过自有资金实现的现金流健康运转。

(2)人从哪里来?

修脚店快速复制要解决的第二大问题是人从哪里来的问题。

郑远元是从大山深处走出来的企业家,他吃过常人没有吃过的苦,也体会过穷的滋味,在他内心深处,始终藏着一个伟大的梦想,那就是带头致富,带领更多挣扎在贫困一线的劳动者摆脱贫穷,共赴小康。而在创办远元集团的过程中,他发现这个梦想并非遥不可及,从最初没有人甘愿跟着自己学习修脚,到后来说服家里的亲人率先尝试并实现了顺利脱贫,这些年,有越来越多的人改变了过去对修脚的错误认识,开始跟着郑远元修脚赚钱。

这种转变,也让郑远元想到了解决门店复制大量用工需求的最好办法:通过与政府合作,打造政企合作技能就业模式,源源不断地为门店输送新员工。

2014年，面对企业快速发展的用工需求，面对更多贫困群众渴望致富的实际需求，远元集团主动加强与紫阳县政府合作，积极探索出了"政企合作，定向就业"的就业模式。事实证明，这个模式非常成功，既破解了企业的用工难题，也解决了贫困群众的就业难题，可谓一举两得。

（3）人来了怎么办？

修脚是一门技术活，尽管并不复杂，但要想入门，首先必须培训。那么，当企业通过政企合作的模式解决了用人难题后，又如何保证这些从贫困线上挣扎走出来的人能够快速上岗、快速挣钱呢？

郑远元的答案是"政企合作、技能培训、定向就业"，即政府负责招生和提供就业资金、培训场地，企业负责技能培训和就业安置，广泛开设修脚技师培训班。培训开设有脚疾理论、修脚技能、按摩技能等十余门专业课程，实行全封闭式教学管理，致力于让每位学员都能学有所成。在完成12天培训、掌握修脚技能后，对于有意向就业的学员，远元集团会统一安置就业。

2017年，该培训模式首先在安康市全市推广，截至目前，在远元集团和各级政府的共同努力下，远元集团已先后与多地政府合作，开设了20所"远元职业技能培训学校",先后培训修脚技师4万多名,带动5万多人致富。

3. 管理模式:从100~10000

当一家家修脚店如雨后春笋般拔地而起后,如何对这些门店进行统一管理,如何让成千上万家店形成一个完整的体系,如何让一家店的管理和一万家店的管理毫无差别……这些问题成了远元集团亟待解决的新的难题。

基于此,远元集团进行了企业内部管理模式的升维,构建了实用高效的"三三制"管理体系和架构。

第一个"三":解决市场管理支撑结构问题,即九个门店设置为一个片区,配备一名片区经理;三个片区设置一个大区,配备一名大区经理;六个大区设置为一个省区,配备一名省区经理。

第二个"三":解决市场拓展与经营保障的问题,即每个省设置一个分公司,由分公司对市场经营提供店面拓展、人力与经营环境的保障和监督,形成统一发展、相互制约的关系。

第三个"三":解决业务发展与战略管控的问题,设置企业总部对集团整体业务发展进行战略规划、制度建设、标准制定、科技创新,引领企业可持续发展。

郑远元认为,管理模式的核心就是要有一套能够支撑企业战略目标实现与持续发展的组织结构，而远元集团的"三三制"管理模式刚好做到了这一点。它为远元集团的发展提供了强有力的保障，它也是"郑远元修脚店"实现从100到10000裂变的重要基石。

通过产业模式、复制模式和管理模式三个维度的模式升维，郑远元把"郑远元修脚店"开到了全国各地，在带领远元集团走向快速发展、快速复制道路的同时，也将修脚这项传统技艺推向了更大、更广阔的天地。

数据显示，2015年，远元集团共开店748家，从业人数6732人，会员人数339946人，用户人数8886240人，总收入高达8.4亿元；而到了2019年，远元集团开店数量达到了6241家，从业人数上升到56169人，会员人数达到4822195人，用户人数达到74141030人，总收入攀升至76.1亿元。详情如表3-1所示。

表3-1 远元集团2015年到2019年的发展数据

自营板块	2015年	2016年	2017年	2018年	2019年
总收入（亿元）	8.4	15.2	20.021	57.36	76.1
店面数（个）	748	1406	2617	4531	6241
从业人数（个）	6732	12654	23553	40779	56169
会员数（个）	339946	825306	2095548	3540213	4822195
用户数（个）	8886240	16703280	31089960	53828280	74141030

修脚是一门传统技艺，应该说在今天，沉下心来，守护一门古老技艺是困难的；更困难的是，改变这个行业的传统营业模式和大多数人对行业从业者固有的认知与评价；难上加难的是，还要成为这个行业的领跑者，引导更多的人加入，把行业带向更远的未来。

毫无疑问的是，郑远元便是那个知难而上、将手艺办成了产业的人。

价值升维：分配机制让员工成为合伙人

当郑远元成为一家企业的领导者后，他开始思考另一个问题：如何驱动员工的主动性？而这关系到他的第三次升维——价值升维。

由于行业性质，远元集团面临的一大问题是：一线员工干着脏活、累活，薪水却无法与其他行业相比，导致员工的流动性很高。

郑远元曾在一次进店调研中发现，当一名一线员工每个月只有2000多元的收入时，他们可能刚刚能够解决温饱问题，根本没有什么干劲。顾客也很难从他们脸上看到笑容，这对于企业来说，是一个巨大的问题。

第三章　郑远元
升维聚焦，百亿千城万店，为生命加分

如果单纯地增加员工薪资，一方面会增加企业成本，影响门店盈利；另一方面加多少合适，加多了企业承担不了，加少了激励性弱，效果短暂。既为了增加员工的薪酬，也为了节约企业成本、提升营业收入，郑远元决定改变分配机制，即让员工成为企业的合伙人。

决定改变分配机制后，又有一个新的问题摆在眼前：对于远元集团这么大的体量来说，分配是一个艺术，如何让员工有主动性，没有这一点，远元集团不可能实现裂变。

思索再三后，郑远元对传统的分配机制进行了革新，通过分配现在和分配未来两大举措为员工注入了强大的活力。

1. 分配现在

远元集团的分配主要体现在三个动作上。

（1）让员工赚到钱。

远元集团的薪酬理念是"自己说了算，业绩说了算"。在远元集团，员工的薪酬对应着员工的贡献和价值，让价值回归本位是远元集团对每一个"远元人"薪酬的宗旨。在远元集团，员工拥有的不仅是一份工作，也是一个可以自由发挥的平台。一切取决于员工自己的努力，取决于员工的业绩和带给公司的价值。所以，面对薪酬，自己说了

算，业绩说了算。

远元集团的薪酬标准是：工资=业绩提成+点钟奖+优秀员工奖+工龄工资+店铺分红+全勤奖+年终奖+年假补助。

以市场新入职员工为例，第1个月为试用期，保底工资不低于3500元/月，第2~6个月保底工资不低于5000元/月，第7~8个月保底工资不低于5500元/月。并对建档立卡的贫困员工每月额外发放300元脱贫补贴。随后依据企业效益和个人表现，实行计件提成制、多劳多得，确保所有员工都有稳定的收入来源，基本实现了上岗即脱贫的目标。下图3-4为2018年远元集团千城万店薪酬标准阶梯。

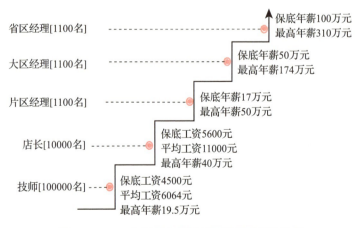

图3-4 2018年远元集团千城万店薪酬标准阶梯

除了薪资，远元集团还把现有的店面股份分批次，按照价值倍增的原则受让给企业的分公司总经理、直营店负责人以及店面店长和员工。

远元集团第一批吸纳的市场股东是分公司总经理，对于各地区分公司总经理受让8%以内的市场股份，受让价格以每店30万元核算。

第二批吸纳的市场股东是直营店负责人，以每店60万元的价格受让给直营店负责人所管辖店面3%以内的市场股份。

第三批吸纳的市场股东是店面店长及员工，他们可以购买所在店面20%以内的股份，店面价格核算为店面利润的15倍。

以上分公司总经理、直营店负责人以及店面店长和员工等市场股东，均享受所拥有股份的分红权、增值权。

远元集团的"让员工赚到钱"，确实让所有的"远元人"都能切实地拿到钱。比如，2007年加入远元集团的鲁世兴，在加入远元集团前他曾经在紫阳县以背背篓谋生，也当过多年的矿工、砖厂工人，后来远赴深圳打工；加入远元集团后，由于表现突出，现任湖北分公司总经理，2019年收入达600万元。

再比如陈义德，他从小家境贫寒，为了讨生活，曾当过煤矿工人，承包过砖厂，做过司机，还曾因下煤窑发生意外导致右腿四节骨折，但他一直心怀梦想，于2015年进入远元集团湖北分公司直营店工作，2016年3月担任动物园路店店长。在他任职期间，连续三个月都保持了3万元以上的工资，月工资最高达到42400元。2016年7月调至武车路店担任店长，将店面从以前3万多的业绩，做到连续三个月保持在8万多元。由于他工作表现突出，2016年10月升任片区经理，2017年10月升任大区经理，2018年3月被任命为湖北省区经理，目前年薪保底100万元。

（2）让员工有归属感。

除了在薪酬上的提升，远元集团对于员工还有10余项福利待遇。比如，提供食宿，工作满三个月后报销往返车费；连续三个月工资收入达到店面分红标准，从第四个月开始享受店面分红；享有工龄津贴，工作满一年后每月补贴100元，并依据政策逐年增长，至500元封顶；享有优秀员工奖，每月每店评选出优秀员工两名，一等奖一名，奖励200元，二等奖一名，奖励100元；享有年终奖，员工入职满一年后可参与评选年终奖，年终奖含优秀员工奖、销售明星奖、服务明星奖等，三类奖项分别设立一等奖、二等奖、三等奖；享有年假补助，符合年假条件的员工可享受每天 100 元补助，入职满一年即可享受带薪年假 7 天及 700 元补助，入职满两年即可享受带薪年假 8 天及 800 元补助，每满 1 年多加 1 天，以此类推，年假上限 15 天……

这些福利待遇不仅让员工在远元集团获得了归属感，还能留住一线员工，大大降低了一线员工的流失率。

（3）让员工有成长感。

通过分析，郑远元认为，过去远元集团存在着招人难、用人难、留人难的现象，这现象的背后是忽略了对内部员工的稳定，以及对内部人力资源的开发和运用。要想保证企业人力资源能够长期有效地促进企业发展，就必须在企业发展的同时，使员工各方面也获得发展，员工成长将是企业发展的基础。

为了使员工获得成长，远元集团为员工提供了免费的岗前及在岗技能培训。在培训期间，对所有员工实行"三包两免一补"政策，即包吃包住包就业，免学杂费、免教材用品费，补贴交通费，让他们学到一门技能，从而稳定就业。

同时，远元集团积极响应党中央脱贫攻坚的号召，在紫阳县政府及陕西省各级政府的关心支持下，以"政府主导+龙头企业+基地培训+定向就业"模式，广泛开展修脚技师培训脱贫攻坚行动。自2014年至今，远元集团先后与陕西、山西、湖北、河南、河北等地政府合作，开设了19所"远元职业技能培训学校"，先后培训修脚技师近4万人，带动5万多人致富，帮助1.8万多名贫困人口实现稳定就业。

远元职业技能培训学校现已开设足病理论、修脚技能、按摩技能、足浴技能、行业分析、沟通技巧、销售技巧、服务礼仪等多门课程，按照"理论+技能+实践"三方面结合的培训模式，从理论知识到实践操作，从企业文化到福利待遇等，力争对学员进行全方面综合性深入培训，让学员真正学有所获。

2. 分配未来

分配未来，是指让员工对未来充满希望，这需要企业给员工提供职业晋升渠道和创造更大的事业空间。

（1）提供职业晋升渠道。

人才的最大成功在于能否培养出优秀的接班人或找到比自己更优秀的人，只有这样自身才能成长，并得到晋升。远元集团的晋升理念是：没有接班人就不能晋升，要想晋升就必须有接班人。万丈高楼是由一砖一瓦建造起来的，组织建设离不开每一个岗位的贡献。要晋升，必须有人能顶得上你的位子，复制和培养接班人是企业管理者最重要的能力指标之一。

远元集团拥有成熟、完整、透明的晋升渠道，所有的管理层都从修脚工做起，了解基层心声。远元集团没有空降兵，只有一刀一刀"修"出的晋升之路，所有的修脚工都能通过自己的努力，"修"出通往店长、片区经理、大区经理、省区经理、股东的成长之路。图3-5为远元集团的晋升渠道。

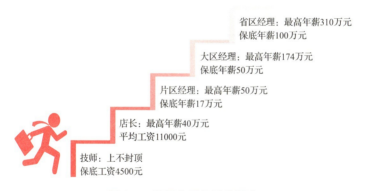

图3-5 远元集团的晋升渠道

近五年来，由一般店员晋升到副店长的有4878人，晋升到店长的有4878人，晋升到片区经理的有542人。

远元集团的员工晋升标准也很明确，主要有四个方面。一是达成规定时间内拟晋升岗位的业绩指标。员工要想晋升,必须有较强的业务技能,并能按期达成业绩目标。二是完成店面及区域帮扶任务指标。要想晋升,除了自身业绩完成得好,还必须能够帮助其他店面或区域提升业绩,并达成业绩指标,共同成长。三是员工满意和用户满意考核。依据远元集团的使命宣言,企业为员工提供平台,由员工面向用户提供服务,通过用户评价来铸就品牌、创造价值。因此,员工满意和用户满意就成了成就远元梦的核心要素。四是达成接班人培养计划指标。根据员工晋升理念,公司要求每一位晋升候选人都必须培养出接班人。只有这样自身才能真正得到成长,并且确保公司整体的人才梯队建设有序进行。

(2)创造更大的事业空间。

远元集团分配未来的另一个动作是把事业未来的成长空间分配给团队、人才与合作伙伴。这来自远元集团远大的理想和战略规划,当远元集团只有几家店面的时候,郑远元就提出了全国连锁的设想,把未来全国的市场机会分配给团队和伙伴。

当其他同行都在做加盟的时候,郑远元提出了"直营连锁、千城万店",把未来直营店获取的高额利润分配给市场经营者和优秀管理人才。当远元集团的万店计划正在执行的时候，郑远元又提出了"五年千亿，全球五万家"，把未来全球范围内的市场机会分配给团队、优秀管理者和合作伙伴。

以上就是郑远元在价值升维上的具体做法。通过价值升维，不仅让员工赚到钱、有成就感、有成长感，还为员工提供了职业晋升渠道、创造了更大的事业空间。单丝不成线，独木不成林。远元集团与员工结成命运共同体，一同干事业，一同创造辉煌，一同分享成果，一同"为生命加分"。

愿景升维：为人类健康而奋斗终生

2021年1月6日，全国优秀农民工和农民工工作先进集体表彰大会在北京召开。会上，远元集团河南分公司开封市场集英街店优秀员工王聚才获得表彰，被评为"全国优秀农民工"。

从一名残疾人贫困户，蜕变为全国优秀农民工，王聚才的蜕变经历，离不开一次改变他命运的技能培训，而把他从迷茫、苦痛、无法谋生的贫困线上拽回，给了他培训、工作、挣钱机会的正是远元集团的创始人——郑远元。

走进远元集团,我们会发现,在这个充满温暖、爱与奋斗精神的集体中,还有许多和王聚才经历类似的人:过去的他们,因为贫困而吃不饱饭、找不到出路,今天的他们,靠勤奋、靠手艺改写了命运,奔向了小康。

这种转变,皆因为站在他们身后的郑远元的一个梦和一份伟大的社会责任。

郑远元不止一次说过,他有一个梦,一个关于吃肉的梦。出生在秦巴深山的郑远元自幼家境贫寒,14 岁便迫不得已辍学去打工。在他的童年记忆里,肉是让人魂牵梦萦的人间美味,同肉香味一样让郑远元刻骨铭心的还有贫穷的滋味。

关于童年,关于贫穷,郑远元印象最深的是年少的姐姐外出打工的前一天,为了给姐姐借到 50 元的路费,郑远元走了十几里的山路赶到舅舅家。那天,舅舅一家刚好外出,年幼的郑远元就守在舅舅家门口,从中午一直守到凌晨三点。拿到钱后,郑远元又马不停蹄地往家里赶,生怕错过姐姐的出发时间。半路上,一不小心被石头绊倒了,膝盖磕出了血,但郑远元没有时间关注流血的膝盖,一门心思往回赶。

凌晨 6 点,狂走了 3 个多小时的郑远元终于赶在姐姐出发的前一刻回到了家。把钱交给姐姐的那一刻,看着满身是伤的郑远元，姐姐心疼地问他："弟弟，疼吗？"郑远元咧开嘴笑了："不疼，不小心摔了一跤，不疼不疼。"

那一年，郑远元11岁。从那一刻起，他就在心里暗暗发誓，一定要走出这片大山，一定要改变自己的命运。

多年后，他成功了，通过修脚，他不仅改变了自己的命运，也改变了家人的命运。

然而，当他偶尔回乡，看到深埋在大山深处的人依然和多年前的他一样，为了一口饭、几十元发愁时，他的内心受到了极大的触动。那时候，已经创办了远元集团，成为企业家的他，愿景得到了升维（如图3-6所示）：他要以修脚产业为龙头，以相关产业为补充，带动更多人致富奔小康；他要勇担社会责任，用真情回馈乡亲、回馈社会；他要传承修脚技艺，打造民族品牌，让更多人认识修脚技艺、看到修脚技艺、靠修脚技艺养家脱贫。

图3-6 愿景升维

1. 精准扶贫,做乡亲们的"致富转换器"

郑远元的家乡紫阳县过去曾是全国有名的贫困县。地处秦巴山区,境内有三座高山的紫阳县,耕地少,农业人口占比大,于是劳务输出成了紫阳县最大的产业。

过去,紫阳县的外出务工人员大多是矿井挖煤工或者建筑工地工人,工作强度大,危险系数高,致残、致病率高。郑远元的哥哥,就是早年打工受伤的煤窑工人。

而郑远元愿景升维的第一个维度,就是要改变家乡人的贫困面貌和打工方式,带领更多人以更安全、更高效的方式脱贫致富,做乡亲们的"致富转换器"。

郑远元认为,"家有良田万顷,不如薄技在身",技能扶贫才是治本之策。郑远元常说,修脚是一门专业技能,属于大健康产业,更是健康生活的一部分,修脚和理发一样,永远不会被淘汰。通过专业的技能培训,可以让渴望脱贫致富的父老乡亲掌握一技之长,真正做到"授人以渔"。

基于此,远元集团积极响应党中央脱贫攻坚的号召,在紫阳县政府及陕西省各级政府的关心支持下,以"政府主导+龙头企业+基地培训+定向就业"模式,广泛开展修脚技师培训脱贫攻坚行动,取得了"就业一人,脱贫一户"

第三章　郑远元
升维聚焦，百亿千城万店，为生命加分

的良好社会效应。

如今，在远元集团上班的人中担任副店长、店长的有12482人，担任片区经理的有693人，担任大区经理的有231人，担任省区经理的有30人。据2016年数据显示，紫阳全县修脚产业创经济收入达6亿元，相当于紫阳全县财政总收入2.9亿元的两倍。同年，远元集团吸纳就业5458人，帮助1691名在册贫困户实现稳定脱贫。

"不下矿井去修脚，买个汽车到处跑。"在谈及远元集团给他们的生活带来的变化时，乡亲们这样形容道。如今，在远元集团，经过培训后的上岗学员，从普通技师开始，平均工资就有6064元，最高年薪达19.5万元，具有很好的收入保障。

除此之外，远元集团还有一套完整的员工晋升体系。每一个员工在这里都可以找到自我，发现自身价值。基层技师可以提升为副店长、店长、片区经理、大区经理、省区经理。远元集团带动一片，造福一方，实实在在地为乡亲们创业及就业提供了一条风险低、致富快的脱贫之路，也为地方的经济发展与社会稳定做出了巨大的贡献。

远元集团结合企业特点和社会需求，开发培训课程，竭力提供就业平台，为当地脱贫攻坚探索出了一条有效的技能扶贫路径，成为领跑陕西创业经济、农村经济、县域经济的一大亮点。这种模式被选入了"2018 中国扶贫典型案例",(位列全国案例之首)、"2019 全球百强减贫案例"(位列全国案例之首),远元集团被评为"全国万企帮万村先进民营企业",郑远元也因此荣获了"2017 年全国脱贫攻坚奖奉献奖"。

2. 基金济困,回馈乡亲

除了精准扶贫,带领乡亲们致富奔小康外,郑远元也时常怀着一颗感恩的心。在带领远元集团发展壮大的同时,他致富不忘桑榆,始终把企业发展与社会责任紧密联系起来,矢志不渝地奉行企业公民理念,担起企业公民职责,推动社会和谐发展。

自 2016 年 4 月起,远元济困慈善基金会筹备启动大会暨首次救助发放仪式的举行,预示着远元集团承担社会责任的新起点。目前,远元集团已先后捐款超 3000 万元,在重大疾病、贫困助学、敬老爱幼、贫困补助等方面做出了应有的贡献。

远元济困慈善基金会的资金来源主要是企业员工所缴会费和远元集团捐赠的纯利润。远元集团的员工每月缴纳 10 元会费,店长每月缴纳 50 元会费,中层管理者每月缴纳 100 元会费,高管每月缴纳 200 元会费,股东每月缴纳

1000元会费，郑远元本人则每月缴纳10000元会费。除此之外，远元集团还会拿出每个月纯利润的1%，作为远元济困慈善基金会的资金来源。

郑远元说，今后，远元济困慈善基金还会一如既往地回报桑榆，济困帮扶，感恩社会。在郑远元的规划里，远元济困慈善基金将主要用于五个方面：一是继续开展大病救助，帮助有需要的人；二是每年资助500名贫困大学生，每人每年5000元，帮助贫困学子完成学业、走出大山、斩断穷根；三是定期帮扶慰问，关爱孤寡老人、留守儿童，将"远元人"的一份爱心，送给需要帮助的人；四是集团将帮扶两个村子摘掉贫困村的帽子；五是社会服务，走进养老院，为全国的老人提供免费服务。

在郑远元看来，济困慈善是一项神圣的社会公益事业。与乡亲们一起携手同行，凝聚爱心，共创美好生活，这正是郑远元愿景升维的又一体现。

3. 传承非物质文化，打造民族品牌

修脚术是国家级非物质文化遗产，"郑氏专业修脚"（即远元集团）就是这种非遗文化的传承者、发扬者。远元集团利用自身的优势，结合产业的发展，有效地改善修脚术传承的濒危现状，将修脚产业做大做强，成为享誉世界

的修脚产业品牌。

民族品牌是国家的名片，推动着中国经济的发展，影响着平常百姓的生活，"郑远元"就是这样一个承载中华传统技艺的民族品牌。远元集团紧跟时代步伐，依托国家战略，大力推进足部修护健康产业的发展，充分发挥品牌积极性，引领行业走向更大的舞台。

如今的郑远元，其创业的非凡经历与成就，其报效社会的巨大贡献与情怀，其立足当下、搏击未来、永逐梦想的视野与格局，已经远远超越一个企业、一个人的意义，成为远元群体的一种精神。

然而，不管是远元集团，还是郑远元本人，其升维之路都远没有结束。郑远元说，他的使命是为生命加分。这个使命，又有两层含义：一是为企业的生命加分，带领远元集团走向更高、更远的巅峰，延长企业的寿命；二是为他人的生命加分，尽自己的绵薄之力，帮助更多人过上幸福、富裕的生活。

为此，郑远元也为远元集团未来的发展提出了新的要求：

一是五年千亿：在现有成绩的基础上，实施"五年千亿"战略，计划在五年内打造千亿级企业。通过政府和企业的共同努力，让更多的贫困劳动力转移就业，真真正正

第三章　郑远元
升维聚焦，百亿千城万店，为生命加分

帮助贫困劳动者走上脱贫致富的道路，为国家脱贫攻坚做出应有的贡献。

二是千城万店：使远元的大健康服务产业积累至少 10000 个服务网点、近 1 亿名忠诚用户。

三是全球 50000 家店：在实现"千城万店"的基础上，开拓海外市场，十年内在全球布局 50000 家门店，真正做到"有人的地方就有郑远元"。

四是打造五家上市公司：十年内打造五家上市公司，初步计划首先对集团旗下的生态公司安康生物科技有限公司、远元传媒、陕西郑远元健康管理有限公司进行上市。

五是为两万名以上优秀员工提供集中安置福利房：在西安建起两万人以上的集中安置福利房，目前远元健康产业园项目已经获得西安国际港务区的批复，相关规划工作正在进行。

"千里之行，始于足下"。郑远元打响的紫阳修脚品牌，带动了脱贫致富，扩大了稳定就业，打造了新兴产业，促进了县域经济发展，取得了明显成效。展望未来，远元集团将引入资本、金融、"互联网+"等先进理念，打造开放、合作、共赢的远元健康产业平台，帮助更多的全国贫困地区的群众走上脱贫致富的道路。同时，扛起修脚养生文化大旗，传承中华非物质文化遗产，勇于承担打造中国

民族品牌的重任。

长风破浪会有时,直挂云帆济沧海。远元集团将以"为人类健康而奋斗终生"为使命,传承中华"修脚养生"非物质文化遗产,打造世界级民族品牌,勇担社会责任,助力脱贫攻坚,让"郑远元"走向世界,让全天下人的脚健康美丽,为生命加分!

翟阳

第四章

「御人」升维,两年打造本土「ins风」网红酒店年度"携程口碑榜"网红新锐酒店、2018—2020年美团旅行"最佳设计酒店"、2020年美团旅行"疫情期间最佳运营奖"、2020年美团&大众点评"必住榜"入选酒店……当上述这些荣誉都属于一家开业仅仅两年的年轻酒店时,你是否也感到不可思议?这家酒店,就是坐落在四季如春的美丽昆明,主打ins风格[⊖]的网红酒店——Ananas安舍(以下简称安舍)。

安舍兼具现代简约与复古质感的整体设计,以富有纹理感的细腻白色及清爽灰色的水泥质感涂料为主,点缀品牌主色调特选凤梨叶尖绿,层次分明。它的整体空间通过运用大量手工制作水磨石和复古艺术玻璃,营造出油画般

⊖ ins风格指是指Instagram上的图片风格。Instagram是一款移动端社交应用,其流行的图片风格往往色调饱和度较低,整体偏复古冷调或者清新干净。

第四章 翟 阳
"御人"升维,两年打造本土"ins 风"网红酒店

的复古氛围。在酒店公共区域及客房内,环绕了大量绿植,旨在为身处闹市区的客人带来一种久违的度假感,享受身与心的放松。再加上贯穿于整个视觉设计的大菠萝元素,拥有超高颜值的安舍让人流连忘返。

更难能可贵的是,在高颜值的背后,安舍也有一颗实在的"心"。在这里,客人们可以花 300 元左右的费用,享受通常千元档酒店才"敢"配备的 KingKoil 金可儿床垫和 O London 洗护套装,以及可媲美五星级酒店标准的"安舍关键接触点"⊖……崇尚"山水有情玩乐无价,乐享每一个当下馈赠"的"大菠萝"安舍就这样俘获了无数商旅客人的心。

在小红书上,入住过安舍的年轻人对其最高的评价之一便是"深谙年轻人的心"。这一切,皆因为在安舍背后站着一位年轻的创始人——他是典型的"90 后",懂得"90 后"客人的喜好,也明白"90 后"伙伴的心;他也是"非典型"的企业家,有一套自己的管理理念,始终带着难能可贵的互联网思维经营企业、打造品牌。

他是翟阳,一个愿意凭借自己的努力闯出一片天地的创业者。

⊖ 安舍推出的特色服务。

如果用一个词来概括翟阳和翟阳所领导的安舍的升维底色，那便是"年轻"——年轻的创始人、年轻的伙伴、年轻的品牌、年轻的目标客群。

因为年轻，所以无所畏惧。

因为年轻，所以有无限可能。

御己：人生而御物而不御于物

如果世界上真有出生便成为"别人家孩子"的人，那么翟阳一定是其中之一。

翟阳出生在美丽的云南昆明，小城四季如春的温暖气候造就了他谦和儒雅的个性。从小在经商世家长大的他，骨子里镌刻了果敢和坚毅。小时候的翟阳在学习方面几乎没让父母操过心，不仅如此，他在音乐、体育等方面也出类拔萃。再加之优良的家世和不俗的谈吐，让他从小便成为"别人家的孩子"。

中学时代，翟阳毕业于云南师范大学附属中学。回想起自己的学生时代，翟阳记忆最深的是走进学校的主教学楼，首先映入眼帘的是两排方方正正的大立柱，威严而恢宏，再往里走，立柱就变成了包容、流畅的圆形。主教学

第四章　翟　阳
"御人"升维，两年打造本土"ins 风"网红酒店

楼别出心裁的特殊设计，正贴合母校的价值观——先求得做人的方正，再求得学问的圆满。

这短短十六个字，深深影响着少年时期的翟阳。在他的理解中，这十六个字就是御己之术，"人生而御物而不御于物"，人要驾驭物品，而不是被物品驾驭。在此后十几年的时间里，无论是离开云南去香港求学、工作，还是后来重回云南参与家族企业的运营，再到自主创办安舍，这十六个字始终为翟阳指引着方向。2016 年，当翟阳第一次走进行动教育"浓缩 EMBA"的课堂，听到李践老师"德高于一切"的理念时，他第一时间便产生了共鸣，找到了"德高于一切"与影响他多年的"先求得做人的方正，再求得学问的圆满"之间的共通逻辑。

这个共通逻辑，后来成为他一手创办的安舍品牌的核心价值观。

2008 年，翟阳取得了云南省高考前 100 名的好成绩。同年，他踏上了去香港的求学之路。

回忆起求学经历，翟阳说，在香港念书的那几年，让他养成了一定要争第一，哪怕是在细分领域也要争第一的习惯，这与李践老师所强调的争做"区域小王"的理念不谋而合。那时候，他内心总有一个声音在激励他：你代表的不仅是"翟阳"，还有"云南学生""昆明人"！这种使

命让他以更高的标准要求着自己,不仅在学业上付出了全部的努力,也在提升品位、眼界、能力等各方面下足了功夫。

天道酬勤。就读大学时,表现优异的翟阳拿到了工商管理学士一等荣誉,毕业论文至今仍收录在大学图书馆;修读理学硕士时,他又拿到了"Distinction"荣誉。

在距离硕士毕业还有 9 个月时,翟阳陆续收到了多份 Offer○,其中包括海航集团总部战略运营管培生、恒生银行香港管培生、交通银行香港管培生、大昌行集团销售管培生、金山工业(集团)有限公司(以下简称 GP)管培生等。

此时的翟阳,面临着人生中最重要的选择之一:他可以在上述优秀企业中任意选择一个,也可以选择回来。按照翟阳的履历,选择前者会有更多、更好的机会。

翟阳最终选择进入在中国香港和新加坡有三家上市公司的亚洲跨国集团 GP。做出这个艰难的决定,翟阳给了自己的两大理由:第一,他已经在香港的学校里证明过自己,现在还要在香港的职场证明自己;第二,GP 是一家实业企业,实业兴邦,从实业做起,最符合翟阳从小立下

○ Offer 为工作邀请。

第四章 翟 阳
"御人"升维，两年打造本土"ins风"网红酒店

的志向。

多年后谈到这个选择，翟阳很感激当年的自己，在GP的这段经历对他日后的事业产生了深远影响。

翟阳进入GP的这一年，正是中国电子商务高速发展的一年。据中国电子商务研究中心发布的《2013年度中国电子商务市场数据监测报告》显示：截至2013年年底，中国电子商务市场交易规模达10.2万亿元，同比增长29.9%。其中，B2B电子商务市场交易额达8.2万亿元，同比增长31.2%；网络零售市场交易规模达18851亿元，同比增长42.8%。

电子商务的崛起，逐渐改变了中国的零售业态。2016年10月，马云在云栖大会上首次提出了"新零售"的概念。这个概念的提出，正是基于电商和零售行业的发展。它标志着中国新零售时代的真正到来，也给品牌提出了互联网时代最好的营销指导：以互联网为依托，借助大数据、人工智能等先进技术手段，重新整合商品的生产、流通、销售和售后过程，推动线上线下一体化进程，使线上的互联网力量和线下的实体店终端形成真正意义上的合力。

翟阳的幸运之处在于，他很快在GP搭上了这辆"线上线下"融合的快车，成为最早一批拥有互联网思维的人。

由于表现出色，在加入 GP 不久后，翟阳就跟随他当时的直接领导——我国香港非常有名的 Digital Marketing㊀专家 Ray Fok，参与了将互联网注入 GP 这个传统企业的项目。

当时，翟阳负责集团子公司 GP 超霸的内地区、香港区等地区的电商平台建立，以及内地子公司的天猫旗舰店的建设。据翟阳回忆，GP 超霸天猫旗舰店建成后，在短短一个季度的时间里，业绩增长便超过了 300%。

初出茅庐的翟阳，就这样见识了互联网和新零售的魅力。

这份宝贵的工作经历，开拓了翟阳的眼界，启迪了翟阳的思维，让翟阳得到了快速成长和最好的锻炼。回忆起这段经历，翟阳说 GP 给了他三大收获：第一，他意识到了互联网思维的重要性；第二，他看到了传统企业和传统行业互联网化革新的可行性；第三，他发现：真正的互联网翘楚，未来真正的发展阵地，还在内地！

也是从那时候起，翟阳开始萌生出回到内地的想法。

御史：挑起家族企业发展大梁

2016 年，离乡多年的游子翟阳决定重返故乡。

㊀ Digital Marketing 指数字营销。

第四章 翟阳
"御人"升维，两年打造本土"ins 风"网红酒店

当时，促使他做出这个决定的原因有很多：一方面，他和感情甚好的未婚妻的婚期一天天临近；另一方面，在外积累多年，他太想把自己的所学、所得带回故乡。而最直接的原因是，当年许多传统零售企业受到了互联网的严重冲击，难以突破发展瓶颈，他的家族企业也未能幸免。

改革迫在眉睫，其中首当其冲的就是由母亲卢秀莲经营多年的云南佳信明珠酒店集团。

成立于 2008 年的云南佳信明珠酒店集团（以下简称佳信明珠）是昆明的老牌民营酒店。旅游大市的地理优势，温馨舒适的入住环境，极具性价比的价格优势和优质的服务曾让佳信明珠有过非常辉煌的过去，是商旅人士的首选之一。然而，步入移动互联网时代，人们的消费习惯和支付习惯发生了天翻地覆的变化，曾经活力无限的佳信明珠风光不再，仿佛成了步履蹒跚的"老人"。

翟阳接手佳信明珠后做的第一件事就是对活力不再的它进行了全面、细致的"体检"。他发现，当时的佳信明珠正面临内忧外患的双重夹击。

对内，佳信明珠的内部管理模式过于老旧，严重缺乏信息化，所有东西几乎都是手写型，没有引入数字化。

翟阳至今还记得，回云南后，当他第一次以旅客的身份入住佳信明珠酒店时，办理入住的一系列老旧程序。那

是翟阳第一次刻骨铭心地感受到佳信明珠的"陈旧"。在香港工作的那几年里，因为工作原因，他曾到全世界各地出差，入住过许多管理先进的酒店。无一例外，这些酒店早早便引入了互联网思维和数字化理念。也是在那一刻，翟阳坚定了为佳信明珠引入现代化管理思维的决心。

对外，当时的佳信明珠主要面临着三大销售困境。

一是获客渠道单一。当时的佳信明珠和大多数传统酒店一样，纯靠旅行社和团队获客。

二是获客成本高。在和旅行社、团队合作的过程中，佳信明珠不仅要给出很低的客房价格，往往还要和导游分摊茶水费等。除此之外，给导游和旅行社的"介绍费"也是不小的开支。这一切导致佳信明珠的获客成本非常高。

深入一线的翟阳算了一笔账：原本对外标价 400 元一晚的房价，佳信明珠给旅行社的价格只有 200 元。不仅如此，在收到的 200 元房费中，佳信明珠还要支出一系列其他相关费用，最终装到佳信明珠"口袋"里的，可能只有 110 元。

三是对旅行社和团队的依赖度过高。因为获客渠道单一，佳信明珠只能高度依赖为自己提供客源的旅行社和团队。一方面，这导致了佳信明珠获客成本居高不下，形成了恶性循环；另一方面，对旅行社和团队的依赖也间接决

第四章　翟　阳
"御人"升维，两年打造本土"ins 风"网红酒店

定了佳信明珠对旅游市场的依赖——当旅游市场好时，旅行社的情况就好，酒店的整体生意就好；当旅游市场不好时，旅行社的情况就不好，酒店的整体生意就差。

翟阳认为，佳信明珠面临的困境，其实就是大多数传统行业共同的痛点。这三大销售困境，症结都在于营销手段传统单一，不符合时代的发展趋势。

很快，翟阳说服了母亲，开始大刀阔斧地在佳信明珠进行互联网改革。

他更新了酒店内部的管理系统，将过去老旧的 PMS⊖ 管理系统换成了更新、更符合时代要求的 BS⊜ 架构系统。改革后的效果是肉眼可见的。过去，佳信明珠的管理全靠纸笔记录，而现在一切都可以通过连接电脑和手机完成。比如，客房查房可以通过手机完成，当天的房态和员工的工作状态可以通过手机查看。过去，佳信明珠的采购全部是采用传统的线下跑市场模式，不仅浪费人力、时间，而且采购的价格高；现在，通过跟互联网接轨，酒店的所有

⊖ PMS 即 Property Management System，直译为物业管理系统。酒店 PMS 系统是一个以计算机为工具，对酒店信息进行管理和处理的人机综合系统。

⊜ BS 架构即浏览器和服务器架构模式，是随着互联网技术的兴起，对 C/S 架构的一种变化或者改进的架构。

采购都可以在线上完成，既省时、省力也降低了成本。

在解决内部管理问题的同时，翟阳也在外部营销上动起了脑筋。首先，他专门成立了一个全新的营销部门——新营销部门，负责扩宽酒店的获客渠道；其次，他迅速将酒店的产品同步上线到携程、飞猪、美团等线上平台，让佳信明珠拥有了新的获客渠道；最后，他开通了佳信明珠的官网，并充分利用微信、微博等自媒体平台，通过在平台推软文、打广告的方式，扩大了佳信明珠的品牌知名度，尤其是在年轻一代中的知名度。

在完成佳信明珠互联网改革的过程中，翟阳多年在外求学和工作所积累的宝贵经验派上了大用场。多项有力措施的出击，也让佳信明珠顺利摆脱了传统企业的桎梏：从2016年下半年开始，佳信明珠对旅行社和团队的依赖从过去的90%降到了20%；2017年年初，深陷增长泥潭的佳信明珠正式迎来了第二春，业绩同比增长近40%。

从此以后，佳信明珠走上了一条新的轨道。而促成这一切的翟阳，也开始规划新的未来。

御新：创建全新酒店品牌Ananas安舍

2017年，经历了互联网改革后的佳信明珠扭亏为盈。

第四章 翟阳
"御人"升维,两年打造本土"ins 风"网红酒店

才华横溢的有为青年带领家族企业突出重围,从此接手家族企业,这大约是顺理成章的事情。

但翟阳并不想走这条既定的老路。

如果说走出去是为了积累经验,引回来是为了承担责任,那么在完成家族使命的同时,翟阳也渴望着再出发,靠自己的本事,走自己的路。

一方面,从小就以高标准严格要求自己的翟阳有自己的倔强和理想,他不愿意坐享其成,更愿意凭借自己的努力翱翔长空。

另一方面,在引导佳信明珠进行互联网改革的过程中,翟阳清醒地意识到:单靠改革和改良,无法真正适应市场发展的需求;唯有从零开始,打造一个全新的、定位准确的、目标客群清晰的新品牌,围绕客群做到用户导向,才能真正从激烈的市场竞争中脱颖而出。

于是,埋藏在翟阳心中的创业梦想开始熊熊燃烧。而在翟阳徘徊、思量的过程中,行动教育给了他最后的助推力量。

第一次走进行动教育的课堂时,翟阳刚回来不久。那是 2016 年,他以优秀大学毕业生创业者的身份,在行动教育的支持下免费进入"赢利模式"的课堂。三天的课程,令翟阳感到意犹未尽,于是,他果断报名了校长 EMBA 课

程。在课堂上,李践老师提到了"我命自立"。他说,在大自然里,不同动物飞的距离和高度完全不同,格局也就完全不同。你选择成为谁,你就会成为谁。他还强调,企业家的本质就是从无到有,创造奇迹。

这一番话使翟阳感慨万分,从那一刻起,他坚定了创业的决心。

或许是因为多年的学习经历,或许是因为从小的耳濡目染,翟阳的性格里有非常果敢、坚定的一面,目标明确且一旦下定决心一定全力以赴。很快,他心中就有了未来要新创酒店的清晰轮廓——走年轻化路线,打造"网红"品牌,做到颜值和实力兼备。

在筹备期间,他给自己的新品牌定下了四个基调:

一是做有德的品牌和有德的企业,为目标客群解决痛点,做好服务,创造价值。

二是只做第一,哪怕只是垂直细分领域的第一。

三是传统与互联网相结合,加入互联网思维,设计扁平化结构。

四是坚持做实业,在具备"高颜值"的基础上,强调"高品质",脚踏实地,真正解决用户痛点,真正具备盈利能力,真正可复制。

这四大基调构成了新品牌的底层逻辑,后来进化成了

第四章 翟 阳
"御人"升维,两年打造本土"ins 风"网红酒店

安舍的使命、愿景和价值观。

2018 年 2 月,翟阳谢绝了父母的资助,拿出自己的全部积蓄并抵押了自己的房产,创办了新锐网红酒店品牌——Ananas 安舍。彼时,当全国大部分地区还在经受呼啸的北风时,明艳秀美的昆明早已入春,傍花随柳,层峦叠翠,一切都是欣欣向荣的样子。翟阳也迎来了事业的春天。

结合自己多年的工作实践,吸取家族老牌酒店佳信明珠的经验教训,同时结合安舍的客群定位和客群特点,翟阳为安舍设计了一条"对内扁平化,对外差异化"的特色路线。这是一条年轻而未知的发展道路,以至于当翟阳把自己的想法说给有着多年酒店管理经验的"老行家"——母亲听时,母亲直言"不明白,不理解"。这也是一条光明而精准的发展道路,正是在这条路上,年轻的安舍插上了腾飞的翅膀,得以被更多人看见。

1. 对内扁平化:打破阶层束缚,强调平等和尊重

走年轻化路线的安舍是一个年轻的品牌,其内部的员工也大多是年轻的"90 后"甚至"00 后"。伴随着互联网长大的他们获取信息渠道足,眼界开阔,富有创新精神和好奇心,同时也崇尚自由,敢于对不公平、不合理现象说

"不",更注重自身价值的实现,而且渴望得到尊重。

换言之,年轻一代的从业者们,已不想只谈梦想,他们还愿意谈钱、谈平等、谈尊重。

作为"90后"创业者,翟阳本身就是年轻的代言词,他太了解年轻人的想法、观念和特性。他认为,如果用居高临下、发号施令的传统管理方式面对这些新生代员工,结果一定会适得其反。因此,从创办安舍开始,翟阳就为其注入了互联网思维和相互平等、相互尊重的基因,在企业内部推行扁平化结构,强调打破阶层束缚。

首先,在称谓上没有老板、领导、主管、店长、员工之分,而是统一称呼"伙伴"。在开放环境中长大的翟阳十分认同"人人生而平等"的价值观。他认为,今天A是老板,B是职员,或者A是领导、上司,B是下属,仅仅只是因为A和B之间有能力的差异、经验的差异、所掌握资本的差异或机会成本的差异,但绝不是地位的差异。

有意思的是,一些传统企业喜欢把员工视为同甘共苦的家人,而翟阳对此也不认同。在安舍,"家人"是和"员工"一样被严令提及的词。翟阳认为,家人是不可割舍的,但对于企业而言,员工并非不可割舍。相反,作为一路同行的伙伴,如果你跟不上企业的发展节奏和发展步伐,为了未来更好的发展,企业一定会"抛弃"你;同样的道理,如果企业的发展步伐跟不上伙伴的发展步伐,企业的思维眼界跟不上伙伴的思维眼界,作为伙伴的你也应该毫不犹豫地"抛弃"企业。

其次,在氛围的营造上,安舍强调平等、公平和尊重。翟阳认为,传统的等级制度会让人感觉束缚,因此安舍更强调每个个体都有被看见、被听见、被尊重的权利和需要,对所有伙伴一视同仁。

最后,在人才的选拔和利益的分配上,安舍坚持"唯才是举"和"多劳多得"。翟阳笑言:"安舍的任何一位高级别伙伴都不敢确保现在的下属有一天不会超过自己。伙伴不管入职多久,级别如何,只要勤劳肯干,都可以成为安舍的最高收入者。"

不得不说,以平等、尊重为底色,以通过劳动实现自我价值为逻辑链的扁平化结构,帮助安舍打造了一支积极、向上、团结、开放又实干的团队。在谈及自己对扁平化结构的理解时,翟阳直言不讳地说:"我也有一些小遗憾,当年求职时没有进入国内顶尖的互联网企业,感受更纯粹的互联网扁平化文化。安舍今天的扁平化,更多的是按我的理解来执行,但我认为它是成功的,我的伙伴们也认为安舍的团队氛围是他们求职经历中最好的。"

2. 对外差异化：深耕目标细分市场，做不一样的 "Boutique"[一]

通常，越是热门的行业，越是容易被复制的产品，同质化竞争越激烈。

很显然，酒店行业就属于竞争激烈的那一类。

在翟阳创办安舍的 2018 年，正逢国内酒店行业稳步、快速发展。据国家旅游局统计：2017 年第四季度，共有 9775 家星级饭店通过省级旅游主管部门审核，包括一星级 66 家、二星级 1774 家、三星级 4721 家、四星级 2392 家、五星级 822 家。

如何才能突出重围，在竞争激烈的市场中脱颖而出，分得一份羹汤呢？翟阳的答案是走差异化发展路线，靠差异化价值取胜。

一方面，民营企业的背景决定了安舍暂时不可能和大企业或者行业"巨无霸"正面交锋，只能另辟蹊径，选择一个小的细分市场，借助精准定位在垂直细分市场中获得生存和成长的机会；另一方面，安舍从"出生"起就是一个不一样的存在，无论是内部管理、产品，还是营销，它

[一] Boutique，作形容词时译为"精品屋的；小规模专售精品的"。

第四章 翟 阳
"御人"升维,两年打造本土"ins 风"网红酒店

都有别于传统酒店,不走寻常路,坚持差异化,不断标新立异,正是镌刻在安舍血液中的基因。

为了精准打造差异化,做出有根据、有意义的差异化,翟阳借用了经典的 STP 理论。

STP 理论是美国营销学家温德尔·史密斯(Wendell Smith)在 1956 年最早提出的市场细分的概念,此后,"现代营销学之父"菲利普·科特勒(Philip Kotler)进一步发展和完善了温德尔·史密斯的理论,并最终形成了成熟的 STP 理论,详情如图 4-1 所示。

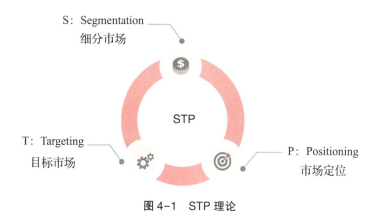

图 4-1 STP 理论

STP 理论强调的是企业在一定的市场细分的基础上,确定自己的目标市场,最后把产品或服务定位在目标市场中的确定位置上。根据 STP 理论,安舍迅速找到了自己在酒店行业的那块"蛋糕":

市场细分——好看又好住的网红酒店。

目标市场——厌倦了千篇一律的年轻游客、商旅客人。

市场定位——解决传统酒店三大痛点:一是千篇一律,追求标准化而忽视了用户个性;二是好看不经用,经不住时间考验;三是把住酒店等同于回房睡觉的错误概念。

翟阳说,STP理论是安舍永远信奉的市场学"圣经"。定位清晰、目标明确的安舍一经推出便广受追捧,成为炙手可热的"网红"酒店。

御事:要更能打,也要更抗打击

然而,追求实业、看重实干的翟阳并不满足于此,他更希望自己的安舍在拥有"好看外表"的同时,兼具"有趣灵魂",靠实用和品质取胜,靠极致的体验感和舒适感升维,成为具有获客能力、更能打也更抗打击的新锐酒店品牌。

抱着这样的信念,翟阳提出了至关重要的"安舍三观",详情如图4-2所示。

第四章 翟 阳
"御人"升维,两年打造本土"ins 风"网红酒店

图 4-2 安舍三观

1. 产品观:创始人=产品经理

翟阳认为,企业创始人是企业的灵魂,决定着企业的调性,一个好的企业创始人,首先要是一个好的产品经理。

一方面,企业的目标细分市场要由企业创始人来决定。对于翟阳而言,STP 理论对他的影响最深,也为他创建安舍提供了理论支撑。翟阳认为,企业的 STP 必须由企业创始人亲自操刀完成,安舍的 STP 就是由他本人牵头的。

另一方面,在产品的研发上,创始人也必须事必躬亲。企业一把手是否亲自负责产品研发决定了其是否会将产品视为己出,进而决定了研发出的产品是否有人兜底。最终,产品是否有人兜底将直接决定产品的研发决策够不够快、响应够不够迅速。

企业创始人如何扮演好产品经理的角色呢？翟阳认为，诀窍便在于始终坚持用户导向，做目标用户喜好的产品，而不是自己喜好的产品。

在安舍，几乎每一处设计细节都透露着翟阳和安舍唯一合伙人、翟阳此生挚爱——太太陈舒婕的品位；每一个物件和推出的每一项服务也都传达着翟阳和陈舒婕的生活态度。这决定了安舍就像翟阳的"孩子"。而翟阳为安舍设计的每一处细节、挑选的每一个物件、推出的每一项服务，都充分考虑了目标客群的需求和喜好，做到了以用户为导向。对于自己一手打造出来的安舍，翟阳信心十足。

应该说，安舍所具备的强大产品力，正是其开业短短两年便迅速比肩昆明一众本地或外来"巨无霸"品牌，成为本土"网红"打卡新地标的原因之一。

2. 生意观：生意=流量×转化×(用户体验-用户预期)

翟阳认为，任何一门生意要做好，庞大的客流量和优质的用户转化率都是两大必备因素。在此基础上，他又加入了另一个关键因素——（用户体验-用户预期）。这三者相乘，就是翟阳眼中的生意。

翟阳说，人是主观的动物，正所谓"各花入各眼"，一个产品面世后，有些人觉得喜欢，有些人认为超棒，有些人也许会觉得一般，甚至失望，究其根源，这些都是由用户体验和用户预期来决定的。

当用户的实际体验高于心理预期时，带来的就是用户对产品的好评。

反之，当用户的实际体验低于心理预期时，带来的就是用户对产品的失望，甚至气恼。

因此，在翟阳心中，"用户体验-用户预期"反而比客流量和用户转化率更重要。他认为，只有让"用户体验-用户预期"始终为正数，生意才有做成的可能，正数值越大，产品的口碑越好，生意成功的可能性越大。

关于如何保证"用户体验-用户预期"为正数且让这个正数具备无限放大的潜力，翟阳也有自己的一套理论："用户的心理预期是无法改变的，所以我们只有在用户的实际体验上下功夫。"24小时管家服务、戴森吹风机、高档洗漱用品、品牌床上用品、每天下午免费提供的下午茶和每天晚上送入房间的暖心夜宵……这些都是安舍为了追求极致用户体验而做出的努力。

3. 人才观："安舍国士论"

经营企业的本质就是经营人，无论企业提供的是产品还是服务，最终都是由人完成的。因此，翟阳认为，人才观是"安舍三观"中最重要、最关键的一"观"。

安舍的人才观也被称为"安舍国士论",分为基石、核心、关键三个部分,其核心思想是要让"90后"和"00后"的伙伴们既可以谈钱,也可以谈梦想。

(1) 基石:十二字方针。

"安舍国士论"的基础是十二字方针——公平公正、诚实守信、多劳多得。这十二个字是安舍使命、愿景、价值观的浓缩。它强调了一个事实:安舍是一个公平公正的平台,伙伴们坚持诚实守信,通过为用户不断创造价值实现多劳多得,实现共同进步和共同富裕。

"许多企业的使命、愿景、价值观都只是落于俗套地挂在墙上,我更希望安舍的使命、愿景、价值观浓缩成朗朗上口、寓意深刻的十二字纲领,可以让每个伙伴都烂熟于胸,天天回味。"翟阳如是说。

(2) 核心:人才主张。

"安舍国士论"的核心是安舍的人才主张——国士待之,国士报之,即我用国士的礼遇对待你,我也希望你用国士的表现来回报我。在翟阳的理解中,这两者之间其实是循环往复的关系:因为国士待之,所以国士报之;有了国士报之,所以国士待之。如图4-3所示。

第四章 翟 阳
"御人"升维,两年打造本土"ins风"网红酒店

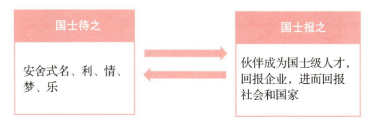

图 4-3 国士待之与国士报之的关系

在许多人眼中,国士待之或许仅仅意味着高工资,但翟阳认为它的含义可以有更多维度。他理解中的国士待之可以概括为"名、利、情、梦、乐"五个字。

名:在行业"第一"企业工作的成就感。

利:为自己工作,多劳多得带来的逐利感。

情:在公平公正的平台上并肩作战带来的同袍情感。

梦:企业发展规划带来的美好未来感。

乐:清晰晋升路线带来的满足感,良好工作氛围和工作环境带来的快乐感。

最终,通过"名、利、情、梦、乐",安舍伙伴可以在团队中获得归属感和依赖感,对工作和用户产生责任感和使命感,进而做到"国士报之",回馈企业,回馈社会和国家。

(3) 关键:"国士"选拔标准。

李践老师在《招才选将》一书中强调:宁可错失,不可错招,选人就是选种子,需要抱着慎重的态度,投入时间一道一道去筛选。管理者如果不愿意花四个小时选人,未来就要花四百个小时甚至是更多时间去收拾因选人失误而造成的烂摊子。

对于如何选拔国士,安舍有着清晰的人才画像。翟阳认为,要成为安舍国士,必须满足三个条件,如图4-4所示。

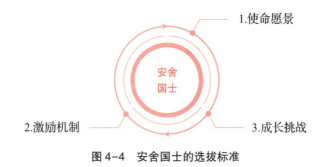

图4-4 安舍国士的选拔标准

使命愿景:使命愿景是企业的精气神,正所谓"道不同不相为谋",安舍国士必须与安舍的使命愿景高度匹配,明确工作的意义,对内认同"公平公正、诚实守信、多劳多得",对外做到"标新立异、诚实守信、用户第一",否则即便走到一起,成为伙伴,也会互相"抛弃",走不长远。

在匹配使命愿景的基础上,安舍国士还要有德。酒店行业本就重实操、重经验,伙伴是否具备优良品德至关重要。高度匹配的德,既是安舍国士的成长助推力,也是安舍的成长加油器。

激励机制:公平公正的平台和多劳多得的分配机制是安舍永葆活力的关键。安舍国士必须认同企业的激励机制,并自觉维护、尊重企业的激励机制,努力做到多岗肩挑、同甘共苦。

成长挑战:每一位加入安舍的国士要时刻重视自我的成长,做到负责任、有担当。因为安舍不认血缘亲疏、资历深浅,而只谈成长力、贡献度和担当力。唯有不断成长的国士,才能跟得上安舍前进的步伐,才能获得更多的"名、利、情、梦、乐",实现个人价值和理想抱负。

实践证明,通过上述三大标准选拔出来的安舍国士,更珍惜安舍平台,更理解安舍使命,更认同安舍价值观,更愿意做到国士报之。这三大标准,正是实现安舍"国士待之,国士报之……国士报之,国士待之"循环往复的基础。

不得不说,"安舍国士论"帮助安舍真正实现了"御人升维"。从"安舍国士论"中,我们可以看到许多先进的管理思想。与此同时,"安舍国士论"也体现出了强烈的特色,在提炼的过程中,它充分结合了以"90后"为主体、初创型企业、"网红"属性、酒店行业和地处昆明这5大特征。

这便是翟阳的高明之处——既懂得博采众长,也懂得立足自身。正如翟阳所言:"对于任何一个理论,必须先结合自己企业的实际情况,再看有没有空间实现落地。理论和实际的结合不可能做到100%,因为有很多客观因素的制约,例如伙伴心智、企业规模、行业性质、盈利模式等。只有通过具体问题具体分析,才能达到理论结合实际的最佳状态。"

产品观、生意观、人才观,共同构成了"安舍三观"。当这"三观"形成合力时究竟能产生多大威力,能带领安舍完成怎样的升维呢?2020年年初,突如其来的疫情给了年轻的安舍一个答案。

2020年年初,肆虐的新冠肺炎疫情打乱了许多人的生活节奏,也在一夜之间让酒店行业迎来了漫长的寒冬。面对巨大的行业冲击,许多同行没能熬过冬天,来自携程网的数据显示,2020年酒店关店数高达15万家。

然而,成立不满3年,刚刚崭露头角的安舍却活了下来,并且活得很好,成为全昆明,甚至全云南最早且最快站起来的那一个。据安舍内部资料显示,从 2020 年 3 月开始,安舍业绩开始恢复;从 2020 年 6 月开始,安舍业绩开始提升。详情如表 4-1 所示。

表 4-1 安舍 2020 年 3 月~2020 年 8 月业绩一览表

月份	出租率
2020.3	63.39%
2020.4	94.03%
2020.5	94.82%
2020.6	98.80%(同比增长 2.29%)
2020.7	101.05%(同比增长 1.46%)
2020.8	102.48%(同比增长 2.14%)

不仅如此,在经历了新冠肺炎疫情后,安舍的团队士气空前高涨,向心力极强。帮助安舍做到这一切的,正是"安舍三观",尤其是安舍的人才观。

如今当我们再次回顾新冠肺炎疫情中的安舍时会发现,其在"安舍国士论"指挥下的"战疫破局"可以归纳为四个关键点,如图 4-5 所示。这四个关键点,正是"安舍三观"落地实操的体现。

正如春天不会辜负每一朵努力盛放的花,成功也不会辜负每一个努力的人和每一家努力的企业。熬过了寒冬的安舍,如今迎来了自己的春天;它成功入选年度"携程口碑榜"网红新锐酒店、2018—2020 美团旅行"最佳设计酒店"、2020 年美团旅行"疫情期间最佳运营奖"、2020 年美团 & 大众点评"必住榜"入选酒店……不久前,安舍第二家分店开业了,开业首月出租率便高达 99.08%,剑指翻倍!

图 4-5　安舍在"国士论"指挥下的"战疫破局"

拥有好看"外表"和有料"灵魂",坚决向"网红店 = 华而不实"的伪命题说"不"的安舍,用不可小觑的实力宣告了自己不仅能打,更能抗打击!这是翟阳的骄傲,他完成了当初创办安舍时就下定决心要靠实力做实业的理想；这也是翟阳新的起点，关于安舍的未来，年轻、果敢、敢想敢做的他有太多设想和太多希冀。

正如花越开越艳，安舍也正经历着一次次的升维。翟阳说，安舍目前实践的管理理论只是"安舍1.0"版本，关于"安舍2.0"版本和"安舍3.0"版本，他脑海中已经有了清晰的轮廓。我们有理由相信，在这个有想法、有冲劲、有梦想的年轻人的带领下，安舍一定会有更辉煌的未来。

戴道金

第五章

行业升维，
重新定义中国制造

如果说每一座城市都有自己的名片,那么瑞安市的名片非"机械"莫属。

1916年,中国第一台铁木结构的脚踏弹棉机在温州瑞安诞生,只要用脚轻轻一踩踏板,新机器齿轮便会转动,"吃"进去片片皮棉,"吐"出来便成了蓬松柔软的棉絮。这台"先进"机器的发明者,正是机械行业开山鼻祖式的人物——李毓蒙。

在此后的漫长时光中,倡导实业教育的李毓蒙创办了机器制造厂,点燃了机械行业,把机械制造的基因刻在了一代又一代瑞安人的身体里。

这其中就包括以匠人之心撑起机械制造行业"脊梁"的"纸杯机大王"戴道金。"匠人匠心"正是这位带领中国纸杯机登上国际舞台,为中国制造正名的企业家的升维底色。

第五章　戴道金
行业升维，重新定义中国制造

从戴道金的创业历程中，我们可以看到许多中国企业家的成长路径。

18岁做学徒，他凭着一份肯吃苦、善钻研的热情和对品质的极致追求练就了一身硬本领，为事业和人生的升维打下坚实的基础。

26岁开始创业，他一脚踏入纸杯机行业，20多年来只为把智能纸杯机做到完美极致而努力，用坚持和信念书写了属于自己的商业传奇。

从低速纸杯机到高速纸杯机，他过山迈坎，怀揣着开拓进取的创新精神和自强不息的民族情怀，一次次刷新中国制造纸杯机速度，将"中国制造"定义为"中国质造+中国智造"。

身份升维：从农村走出的"纸杯机大王"

20世纪70年代，戴道金出生于温州瑞安一个普通的农民家庭。在那个"吃大锅饭"的年代，育有3个孩子的戴家日子过得捉襟见肘。尽管父母每日辛勤奔波，尽管全家人缩衣节食，但一家五口的温饱问题依然难以解决。

物质条件的缺乏并没有影响戴道金在温暖和爱中长大。

父母慈爱，兄妹友善，这是戴道金自小感受到的淳朴家风。在那个年代，每次家里做了好吃的，父母总是舍不得动筷子，孩子们也总是互相谦让。这种相亲相爱、互相体谅的家庭氛围，很早便在年幼的戴道金心中埋下了爱和责任的种子。

父母忙于生计，作为最大的孩子，戴道金便主动挑起了照顾弟弟妹妹的重担。小时候的戴道金个子不高，做饭时够不到锅台，只好放一把椅子。有一次，在屋外玩耍的弟弟不小心磕到了头，疼得大哭。正在做饭的戴道金急匆匆从椅子上跳下来想去安慰弟弟，结果没站稳摔了个四仰八叉，可他顾不上疼，一心只想着哭泣的弟弟。一个半大的、满身灰尘的孩子，抱着另一个更小的、同样满身灰尘的孩子，这一幕至今仍然留在戴道金的记忆中。

除了照顾弟弟妹妹的生活起居，戴道金还负责给他们做玩具。弹弓、竹箭、沙包、竹蜻蜓、折纸……那些从田间地头就地取材的"纯天然材料"，在戴道金手里仿佛被施了魔法，变得新奇好玩。有时候看到其他孩子玩了一些样式新奇的玩意儿，戴道金也会依葫芦画瓢地探究、制作。或许，他强大的动手能力和制作天赋就是从那时候开始显现的。

长大一些之后，心疼父母的戴道金开始利用节假日勤

第五章　戴道金
行业升维，重新定义中国制造

工俭学。

早些年，村里开了一家罐头厂。每到寒假，戴道金便带着稍大一些的妹妹去罐头厂洗瓶子补贴家用。寒冬腊月的天气，洗瓶子的水冰冷刺骨，戴道金和妹妹的手冻得通红，但他们从来不会抱怨，反而因为能帮到父母和为家庭尽一份责任而感到开心。

夏天时，戴道金还会去公交车站卖冰棍。由于性格外向、热情，戴道金的"口碑"很不错，很多人都喜欢找他买冰棍。"那一带卖冰棍的人很多，但我的销量年年都是最好的。"提起那段卖冰棍的难忘经历，戴道金很是得意。

从那时起，戴道金的经商天赋就已经显现。

初中毕业后，一心想减轻家庭负担的戴道金选择了辍学打工。当时，温州机械行业蓬勃发展，戴道金对机械行业产生了浓厚兴趣，于是便决定去学习车床加工。

车床加工是个力气活，很消耗体力。由于吃不饱，戴道金常常感觉饥肠辘辘，只好喝水充饥。但艰苦的条件和辛劳的工作并没有削弱戴道金的工作积极性，相反，为了早日学有所成，他使出了十二分的力气，每天苦心钻研车床技术，饿了就在机器旁边吃饭，累了就躺在机器旁边休息，废寝忘食，全年无休，认认真真地和加工机器谈起了"恋爱"。

除了有热情、肯吃苦、善钻研外，戴道金对自己打磨出的产品也有着近乎苛刻的高要求。只要是他加工的车工配件成品，他都会反复测量、反复检查、反复改进，直到自己完全满意了才会交付用户。这种对完美产品的执着追求和对品质的极致要求，后来也成为戴道金最重要的创业基因。

随着时间的推移，戴道金的车床加工技术日益精进，很快便从同期的学徒工中脱颖而出，甚至超过了许多"老师傅"。但对自己有着极高要求的戴道金并未就此满足，他始终在思考并践行着如何用创新的方法更高效地解决问题。

让戴道金记忆犹新的是对当时一款塑料加工机器螺杆的工艺创新。按照过去传统的做法，那款塑料加工机器的每一根螺杆都要单独加工，耗时耗力。遵照传统方法做了几次后，戴道金开始默默动起了脑筋，他想：究竟有没有一种方法，能够一次性做出多根螺杆呢？

那段时间，戴道金日夜都在琢磨如何缩短工期，如何一次性成模，如何提高效率。在进行了反复试验后，他终于探索出了改进工艺——在满刀模式下进行螺杆加工。新工艺推出后，用户十分满意，师傅和师兄师弟们也对他竖起了大拇指。

将技术学到手后，戴道金告别了学徒生涯，开始自己干，承接一些机械加工业务。这也是戴道金第一次真正意义上的创业尝试。

有人说，温州人的经商基因是与生俱来的。作为我国沿海地区最重要的中心城市之一，温州是中国民营经济发展最迅速、活力最充沛的城市之一，敢为人先的温州人曾在中国历史上创下了许多商业奇迹。

从今天来看，温州的民营经济发展经历了三个至关重要的阶段：

第一个阶段（党的十一届三中全会后至20世纪80年代中期）：个体私营经济从农村起步，大批农村劳动力从事家庭工业，专业市场应运而生，"小商品，大市场"格局形成。

第二个阶段（20世纪80年代中期至90年代初）：在家庭工业的基础上，以劳动力、资金、技术为纽带走向联合，大力发展股份合作经济，"小区域，大发展"态势形成。

第三个阶段（党的十四大后）：个体私营经济完成资本的原始积累，积极探索建立现代企业制度，"小资本，大辐射"优势形成。

这三个阶段也是中国民营经济发展的三个重要拐点，而血液里融入了温州人经商基因的戴道金刚好赶上了最重要的第三个拐点。

那时候,邓小平同志的南方谈话犹如一股春风,吹绿了祖国的大江南北。正所谓"春江水暖鸭先知",作为中国民营经济发展的先发地区与改革开放的前沿阵地,温州无疑是最早感知到"水暖"的那只"鸭子"。

由于全面地学习了机械加工知识并纯熟地掌握了机械加工技术,再加上时代的推波助澜,戴道金的个体生意越做越红火,积累了一批稳定的用户。或许是作为典型的温州人,骨子里有"不安分"的基因和自主创业的热情,或许是太想让家人过上更好的生活,或许是想让扎根机械加工行业多年练就的纯熟机械加工技术创造更大的价值,几年后,戴道金有了把生意做大的想法。

为了找到最适合自己的细分领域,戴道金细致地考察了市场。最终,他将目光锁定在纸杯机领域:一方面,当时的纸杯还不普及,人们更习惯用塑料杯,国内的纸杯机市场还是一个待开发的领域,饱和度低,最好进入;另一方面,塑料杯污染大,不环保,随着人们环保意识的不断提高,在不久的将来,环保系数更高的纸杯一定会替代塑料杯,成为新的潮流和趋势。

天生的商业嗅觉让戴道金坚信:未来,纸杯机市场一定是一块诱人的"大蛋糕"。

敢想敢干、想到就做,戴道金身上具有典型的温州商

第五章　戴道金
行业升维，重新定义中国制造

人特质。由于尚不具备独资兴办企业的能力，戴道金找了几位合伙人，创办了瑞安市南大纸杯机械厂。

那是1999年，站在一个世纪的终章，戴道金义无反顾地迈脚踏进了纸杯机行业。在此后的二十多年里，他始终不忘初心，坚守行业。

技术升维：从1.0时代到3.0时代，从低速纸杯机到高速纸杯机

阿基米德说："给我一个支点，我就能撬起整个地球。"

事实上，在浩瀚无边的商海，几乎每一个激流勇进的创业者都在寻找这样一个拥有足够力量、能够撬起商海一角、引发海浪与风暴的杠杆，然后在风暴中搏名逐利，实现人生的价值与追求。

戴道金也不例外。他找到的这根杠杆，就是深耕行业，做深做透。

2001年，在纸杯机行业摸索了两年，有了一些积累后，戴道金毫不犹豫地选择了撤资，并独立创办了瑞安市德宝机械有限公司（以下简称"德宝机械"），这家公司正是浙江新德宝机械有限公司（以下简称"新德宝"）的前身。

在此后的近 20 年里，戴道金把所有的时间、精力和希望都放在了和一个小小纸杯的"较量"上。从 2001 年的 8 个人、1 台机床、3 台简单的打磨设备，到 2020 年集软件研发、机械研发制造、营销于一体的智能设备专业制造公司，戴道金引领着新德宝实现了从 1.0 时代到 3.0 时代的完美升维，如图 5-1 所示。他用始终如一的匠人精神，打造了恢宏壮丽的"纸杯机王国"，缔造了属于中国人的纸杯机"名片"。

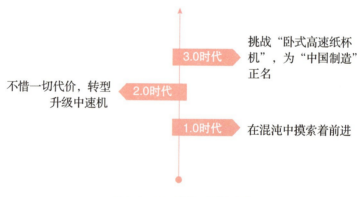

图 5-1 新德宝的发展历程

1. 2001—2008 年：1.0 时代，在混沌中摸索着前进

在人生所有的道路中，创业大约是最艰辛、最孤独的那一条。行走在漫长的荆棘之路上，创业者既需要面对纵横的沟壑、绵延的山峦，又需要克服对未知的恐惧和对陌

第五章　戴道金
行业升维，重新定义中国制造

生的不适。

戴道金对此深有体会。

2001年，刚刚创立的德宝机械可谓是"内忧外患"。对外，当时的纸杯机行业还是一条崭新的赛道，既没有经验可以借鉴，也没有方法能够"拿来即用"，一切都是新的、陌生的，需要摸索着前进；对内，白手起家的戴道金既缺资金，也缺人员，包括戴道金在内，当时的德宝机械仅有8个人、1台机床、3台简单的打磨设备，与其说是工厂，不如称之为"家庭作坊"。

更让戴道金为难的是，仅有的几名员工都属于一线工人，只能做最基础的纸杯机加工，销售、售后、机械维修和设备调试都做不了。迫于无奈，戴道金只能亲自上阵，一个人身兼数职，既要管生产，又要管销售，还要负责售后和服务。

"直接把家搬到了工厂，每天不是泡在工厂里，就是上门为用户服务，满脑子都是纸杯机。"回忆起创业初期的艰难，戴道金至今历历在目。那时候，他们一家人蜗居在简陋的工厂厂房，他和妻子睁开眼睛就开始忙工作。这种"以厂为家"的生活，夫妻俩一过就是十几年。

由于要负责机器的调试和售后工作，戴道金经常出差。当时的交通远不如现在发达，换乘好几种交通工具才能到达用户的工厂，这几乎是戴道金的工作常态。尽管路途奔波，十分辛苦，但是到达用户的工厂后，戴道金总是第一时间为用户解决问题。从用户那里返回后，他也不会先考虑回家休息，而是先到公司，认真总结从用户方技术人员那里了解到的机器运行中遇到的问题以及他们认为需要改进的地方，为日后的不断优化、持续改进做好准备。

有一年冬天，戴道金和岳父一起上门为用户调试机器。开机后，试了许多次，成型的纸杯依然不理想。12月的温州已经入冬，岁暮天寒，可一直在忙碌的戴道金却热得脱了棉服。那天，他从清晨7点一直忙到傍晚5点，顾不上吃一口热饭、喝一口热水，让一旁的岳父很是心疼。

"要不放弃吧，这笔订单我们不做了。"岳父劝他说。

戴道金拒绝了。他深知，虽然少一个用户对公司的业绩造不成致命的影响，但对公司的口碑一定会造成不小的损伤。如果今天他向技术难题妥协了，因为无法调试机器而放弃用户，那么就等于宣告了德宝机械的能力不足。更重要的是，他对自己的技术和德宝机械的产品有十足的信心。

后来，在经过了十几个小时的奋战后，戴道金终于找到并成功解决了问题。回去时，夜已经深了，星星点点的雪花飘在空中，岳父由衷地向累得满头大汗的戴道金竖起了大拇指。那一刻，戴道金觉得异常满足。更让他开心的是，感慨于他与技术死磕到底的拼命精神，用户也与他成了很好的朋友。

"至今我们还有联系，在创业初期，他给我介绍过好几笔生意。"戴道金露出他那极具感染力的标志性微笑回忆说。

正是凭借着"一米宽，一万米深"的钻研精神、始终把用户摆在第一位的服务精神以及极致的产品品质，戴道金慢慢地在行业内赢得了良好口碑，并积累了一批忠实用户，为德宝机械日后的稳步发展打下了坚实的基础。

2. 2008～2015 年：2.0 时代，不惜一切代价，转型升级中速机

鲁迅说："其实地上本没有路，走的人多了，也就成了路。"诚然，在纷扰的人世间，许多的路都是在未知中摸索着走出来的，创业之路尤其如此。

2008 年，经过 7 年多的摸索和积累，戴道金率领的德宝机械已经在业内小有名气。当时，德宝机械的低速纸杯机技术已经非常成熟，市场需求量也与日俱增。在形势一片大好的情形下，戴道金却做出了一个让人"意外"的决定：转型升级，着手研发中速纸杯机，做中高端市场。

犹如在平静的水面丢下一颗重磅炸弹,这个决定激起了千尺浪花,遭到了公司股东、高管甚至是家人的激烈反对。

当时,反对的声音主要有三种:

一是低速纸杯机已经非常成功,拥有庞大的市场,凭借这款产品,德宝机械完全可以"横扫市场",赚得盆满钵满,没必要折腾。

二是以当时的条件,无论是从资金还是从技术的角度来看,转型升级中速纸杯机对德宝机械都是巨大的挑战,如果挑战失败,德宝机械很可能会陷入被动境地,甚至一切归零。

三是低速纸杯机市场已经很庞大了,而中高端领域的中速纸杯机市场还不明朗。

尽管认同这些反对声音,但戴道金并未妥协。作为企业掌舵人,戴道金显然具有更高的视野和境界。一方面,他认为"不变则死",随着社会的不断发展和时代的不断进步,用户对更高质、更高效的产品的需求也会更强烈,未来的商业世界,一定是一个以创新为核心的求新、求变的世界,如果德宝机械不改变、不转型、不进行产品的迭代升级,未来一定会惨遭淘汰。另一方面,从小在"机械之乡"长大、受"工匠精神"熏陶的戴道金,骨子里对"中

第五章　戴道金
行业升维，重新定义中国制造

国制造"有执着的追求，他想要的不仅是眼前的利润，更是制造出高品质的机器设备，打造中国人的民族机械品牌。

在戴道金看来，生产中高端的纸杯机不仅能够提高产品本身的附加值，创造更多效益，而且还寄托着他的家国情怀和使命信念。

事实上，戴道金之所以在此时做出这样重大的决定，还有一个关键动力。那时候，戴道金已经走进了李践老师的"赢利模式"课堂。通过系统学习先进的企业管理知识，戴道金悟出了一个重要道理：不变则亡。

说起戴道金与行动教育的结缘，就不能不提一个重要的"媒人"——戴道金的岳父蔡钟林先生。

2007年，蔡钟林先生在郑州经营企业。有一次坐飞机出差，邻座刚好坐着一位行动教育的工作人员，名叫周赛赛。二人聊起企业经营活动的一些相关话题，相谈甚欢。临别时，周赛赛将一本书赠送给蔡钟林先生，那本书正是李践老师所著的《砍掉成本：企业家的12把财务砍刀》。回去后，蔡钟林先生便把书转赠给了戴道金。

那是戴道金第一次接触行动教育。当时的戴道金一心扑在工作上，无暇顾及管理方面的学习，于是在匆匆翻阅之后，这本书就和大多数书籍报刊一样，被他束之高阁。

新德宝成立后，重新出发的戴道金意识到了现代管理的重要性，与此同时，他面临的各种企业经营问题也越来越多。如何实现企业的高效、规范经营，成了戴道金心中的未解难题。这时候，他想到了书柜里的那本岳父赠送的书。

"这对于那时候的我犹如暗室逢灯一般。"再次翻开李践老师的《砍掉成本：企业家的12把财务砍刀》时，戴道金如此形容说。这本书仿佛为戴道金打开了一扇新世界的大门，令他意犹未尽。他开始上网搜索李践老师的讲座视频，比如"突破自我设限"等，反复观看，受益匪浅。

为了系统地学习企业管理方面的知识，他联系了周赛赛，报名了行动教育第50期"赢利模式"课程，踏上了在行动教育的学习之路。从"教导模式"到"教练技术"，从一人学习到全家人一起学习"校长EMBA"课程，在此后的十多年间，戴道金和行动教育的缘分就这样结下了。

一边是合作伙伴的反对，一边是戴道金义无反顾的坚持，在双方僵持的关键时刻，妻子秀平站了出来。戴道金至今记得，那是一个平常的晚上，秀平亲自下厨炒了几道菜，一家人围坐在饭桌边吃饭，秀平一边往碗里夹菜一边说："老戴，你要是想好了就放手去做吧！我和孩子支持你，什么结果我们都接受。"

妻子的话犹如一股暖流，温暖了戴道金的同时也使戴

第五章　戴道金
行业升维，重新定义中国制造

道金下定了决心。为了尽快启动中速纸杯机的研发，2008年年底，戴道金主动退出了德宝机械。这场关于是否要转型做中高端纸杯机的争论，最终以股东们的分道扬镳收场。

9台机器，2名愿意追随的员工，义无反顾支持自己的家人，这是与德宝机械分家时戴道金的全部家当。一切似乎又回到了原点，但一切又变得不一样了。相比于初创时，再次出发的戴道金积累了丰富的人脉、经验和用户，有了更坚定的决心和更宏伟的梦想，也有了最核心的团队。

2009年，戴道金重新注册了新公司——浙江新德宝机械有限公司。从"德宝"升级为"新德宝"，这既是戴道金创业历程的升维，也是新德宝使命的升维。

回归商业的本质，创业一定是辛苦的，无论你在这条路上积累了多少，走出了多远。从德宝机械出来后，许多老用户也主动"投奔"了新德宝，他们大多是冲着戴道金的个人魅力而来。老用户的主动跟随在一定程度上缓解了新德宝的压力，为新德宝的起步和发展提供了至关重要的支持。这让戴道金深受感动，他在心里暗暗发誓：一定要做出更完美的产品，回馈用户的信任。

然而，新的问题又来了：新德宝创立的初衷是要升级转型，升级转型就意味着要花更多的时间和精力在产品研发上，可是无论是财力、人力还是精力，刚刚成立、尚处于蹒跚学步阶段的新德宝显然都很有限。

怎么办?"除了拼命工作,没有别的办法!"戴道金的答案简单而直接。

他把家重新搬到了厂房,就像几年前刚刚创业时那样,以厂为家,以家为厂。白天,他和员工们一起正常工作,招人、培训、抓生产、抓管理、抓销售、抓服务;晚上下班后,他就变身技术达人,和团队里的核心成员一起扎进办公室做研发。

天道酬勤,在经历了无数次尝试和失败后,新德宝自主研发的中高端中速纸杯机——单转盘中速纸杯机成功问世。对于纸杯机行业而言,这是一次新的飞跃。当时,国内普遍采用的低速纸杯机每分钟可以生产50~60只纸杯,而单转盘中速纸杯机将产量几乎提高了50%,可以达到每分钟约85只。

单转盘中速纸杯机的问世在极大地鼓舞了新德宝员工士气的同时,也让戴道金看到了创新的可能性。借着转型的东风,戴道金率领核心团队再次对单转盘中速纸杯机进行了改进升级,并成功地将纸杯机的产量提高到了每分钟85~100只。此后几年,新德宝的产品呈"井喷"式上市,从单盘到双盘、从单一的"功能机"到自动化的"智能机"、从"单机"到"套机",新德宝悄然打造了一个色彩缤纷的"纸杯机王国",证明了"中国制造"的无限可能性。

除了提高产能,在产品品质和用户服务上戴道金也下足了功夫。"用户的需求不仅是高产能,机器的稳定性、耐用性和售后服务也是很重要的指标。"戴道金解释说。为此,新德宝开创了行业先河,率先提出了为用户提供五年机器质保的承诺。在机械行业,这是一个绝无仅有的承诺,它不仅意味着新德宝对其纸杯机品质有十足把握,也间接说明了新德宝始终把用户放在第一位。

与此同时,从德宝机械割裂出来的新德宝迎来了飞跃式的发展。在相关部门的帮助和支持下,新德宝有了宽敞、明亮的新厂房,员工从最初的9个人发展到了数千人,订单也从国内拓展到了国外,一切都朝着预期的方向稳步前行。

但戴道金显然没有止步于此,深耕行业、与技术死磕的他,始终奔走在研发和创新的第一线。

3. 2015~2019年:3.0时代,挑战"卧式高速纸杯机",为"中国制造"正名

2015年,戴道金做出了人生中的又一个重要决定:挑战"卧式高速纸杯机"。

彼时，在全球范围内大家耳熟能详的纸杯机品牌主要有德国的浩友夫、韩国的现进和美国的PMC，它们都是戴道金敬仰的对象和学习的榜样。由于工业起步早，技术实力雄厚，早在20世纪90年代，这些品牌就已经研发出了每分钟产能高达180只以上的"卧式高速纸杯机"。而此时的中国在"卧式高速纸杯机"领域还是一片空白。

这意味着，中国的纸杯机技术与国际最高水平至少相差了10年。追赶技术差距，为"中国制造"正名，打造中国机械的名片，正是戴道金决心挑战"卧式高速纸杯机"的初衷和信念。

当时，戴道金的中速纸杯机技术已经非常成熟，公司的订单也日益增多。有一次，一位外国用户提交了一笔大订单，然而，以新德宝当时的情况来看，在合同期内交付这笔订单有很大难度。当时，许多人劝他放弃这笔订单，毕竟，新德宝彼时的业务量已经饱和，不做也没有多大影响。可戴道金却选择了迎难而上。他的理由很简单：新德宝损失一个用户没关系，不赚钱没关系，但中国人的信誉绝不能丢！

后来，他亲自带头，日夜奋战在生产线上，终于按时按质交付了订单。戴道金至今仍记得，订单交付完成后，外国用户充满敬佩地竖起了大拇指，并用蹩脚的中文说：

第五章　戴道金
行业升维，重新定义中国制造

"中国人，讲信用，了不起。"这句话让戴道金由衷地感受到了民族自豪感，他觉得，这才是"中国制造"应有的荣耀。

那几年，因为新德宝的海外市场已经逐渐打开，戴道金也经常带领团队去国外参展。他发现，许多外国人对中国制造的机器总是带有"质量差、价格低、技术含量低"的刻板印象，认为中国制造的产品远不如发达国家制造的产品。这让戴道金很不服气。

那时候，许多的国外展会都是四年一届，当戴道金第二次去同样的地方参展时，他发现，四年前他第一次参展时正在修建的道路依然没有完工，效率之低让人无法想象。这让他意识到，中国技术和国外技术之间的差异，只是由于中国的工业起步较晚所导致，绝非因为中国人技不如人。他坚信：中华民族五千年文化源远流长从未间断，历史的轮回也将会把中国再次推到世界前沿，随着中国速度和中国效率的提升，"中国制造"一定会撕掉"廉价"和"低端"的标签，崛起并成为世界第一。

正是带着这样的信念，他开启了新德宝制造世界级高品质机器的研发之路。

这是一个漫长而艰辛的过程。由于"卧式高速纸杯机"和"立式纸杯机"在构造和原理上完全不同，因此"卧式高速纸杯机"的研发无法在原有的立式机型上进行升级，必须从头开始。为了攻克难关，新德宝在"卧式高速纸杯机"研发项目上大量投入，不断引进高工人才、邀请元老级顾问、购买先进设备……尽管研发之路坎坷万分，尽管一次次的努力收效甚微，尽管在这个艰难的过程中戴道金听到了许多质疑之声，比如花大量的精力和资金研发如此高端的设备是否值得、市场能否接受、研发的过程影响正常订单的排期等，但戴道金和研发团队从未放弃。

"这个项目并不被行业里的人看好，研发团队里也传出了不同声音，但我就是想坚持下去，一定要把智能纸杯机做到完美和极致。"谈起"卧式高速纸杯机"的研发过程，戴道金的言语间依然透露着坚毅。最终，在戴道金"倔强劲儿"的影响下，经过了4年多的刻苦钻研和四处取经，新德宝终于在2019年成功研制出了属于中国人自己的"卧式高速纸杯机"。

在实验室里，当"卧式高速纸杯机"整机验收合格，宣布正式面世之时，新德宝人都心潮澎湃，他们扬眉吐气了：依托企业原创基因，他们可以在全球的纸杯机制造商中脱颖而出，并建立行业壁垒——由新德宝研发出的"卧式高速纸杯机"产能可达到每分钟220~260只纸杯，远远高于国外的180只。可以说，这是一款真正意义上的世界级的"纸杯机之王"。它标志着"中国制造"从此具备了与国外知名品牌相抗衡的条件和资格。

事实上，这次成功是新德宝20年来厚积薄发的必然结果。从早年间的模仿、探索、创新，到随后几年新德宝的产品"井喷式"上市，从单盘到双盘，从单一的"功能机"到多功能的"智能机"，从1.0时代的"低速纸杯机"到3.0时代的"卧式高速纸杯机"，新德宝完成了产品和产业的不断升维，打造了一个"纸杯机王国"。

2020年，新德宝"卧式高速纸杯机"已经正式上市。迄今为止，新德宝已售出1万多台智能纸杯机设备，用户遍布美国、德国、意大利、日本、韩国等国家，与星巴克、可口可乐、肯德基、康师傅、海底捞等众多知名餐饮品牌供应商建立了战略合作关系。

品质升维：
中国制造=中国质造+中国智造

爱迪生花了十年时间研制蓄电池，经过了五万次左右的试验才取得了成功；农民科学家吴吉昌为了国家的嘱托搞棉花试验，"吃也想棉花，睡也想棉花"，长期致力于探索棉花丰产规律，最终培育出了棉花新品种，为祖国的农业发展贡献了力量；作家林清玄三十岁做到总编，有人问他秘诀，他说，每天坚持写三千字，如此而已……

正所谓水滴石穿，这世上所有的成功，都离不开日复一日的坚持，创业尤其如此。

戴道金于2001年进入纸杯机行业，在此后近20年间，他从家庭手工作坊起步，从最基础的低速纸杯机着手，目标清晰，甘守寂寞，深耕行业，一步步创立了属于自己的"纸杯机王国"，实现了使命和行业的升维，把"中国制造"推向了世界舞台，让"中国制造"引领了世界。

在这个过程中，如果一定要说有什么秘籍，戴道金认为只有一个——"zhi"。这个"zhi"，既是"品质"的"质"，也是"智能"的"智"。

"中国制造=中国质造+中国智造"，这是戴道金对于成功最质朴的解释，也是新德宝完成行业升维的核心秘籍。

1. 质：中国质造，引领世界，品质第一

一根头发丝的二十分之一有多细？在戴道金看来，这是没有尺子可量但双手可以控制的精度。"这个精度的把控稍有不慎，就会让动辄上万元的产品变得一文不值。"戴道金强调说。如何做到百分之百把握这一精度？戴道金的答

第五章　戴道金
行业升维，重新定义中国制造

案是技术的不断升级，把生产线的"刀锋"对准行业"珠峰"，攻克最难的技术，做最精细的产品。

回顾新德宝的发展历程，在20多年的时间里，一心扑在纸杯机上的它似乎只做了一件事：怎样更快速、更高效地让纸杯从纸杯机上生产出来。而新德宝做这件事的重要前提是：确保每一台新德宝纸杯机完美极致，确保每一只从新德宝纸杯机上生产的纸杯完美极致。新德宝认为：品质永远重于速度和效率，"中国制造"最重要的基本内涵就是优质、高质，如果失去了品质的保证，即便生产效率再高，也不能称之为"中国制造"。

之所以有这样的态度，既是由于新德宝始终把用户放在第一位，以为用户创造价值为己任，也是源于在"机械之乡"长大的戴道金骨子里对精益求精的工匠精神有着执着的追求。

提到"高品质"，不同的人一定会有不同的解读。根据戴道金的理解，"高品质"可以用两个具体的公式来概括：

高品质＝金刚不坏+安全+可靠+稳定+持久耐用

高品质＝完美极致+无缺点+无瑕疵+传世产品

关于如何打造出高品质产品，新德宝也总结出了一套实操经验，如图5-2所示。

1. 选择高品质原料及高精尖设备
2. 构建一流的质量管理体系
3. 培养一流的人才
4. 倡导工匠精神

图 5-2 新德宝打造高品质产品的实操经验

（1）选择高品质原料及高精尖设备。

好钢造好刃，高品质产品必然来自于高品质的原材料。新德宝选用的所有原材料（铝材、钢材等）皆采购于国内知名厂家，产品均符合甚至超过国家检验标准。同时，配合公司完善的质检流程，确保所用的原料及加工的成品均符合使用要求。公司内部在质量管控方面，更是营造出了全员重视质量、全员参与质量的软环境。

除了选用高品质的原材料，在设备的选用上新德宝也秉承了高品质原则。

德国德玛吉、美国哈挺、韩国斗山、日本津上、马扎克、德国蔡司三坐标、日本三丰粗糙度测量仪、轮廓仪……走进新德宝位于温州平阳县的加工车间，这些行业内首屈一指，覆盖了产品前期试验、材料试验、过程试验及最终性能测试的检验、试验设备随处可见。凭着对这些名字拗口的加工设备的精准操控,一台台多功能纸杯机在这里生产组装、走向市场。

"新德宝注重基础设施的建设,公司目前拥有近100台行业领先的数控车床、加工中心、线切割机、平面磨床、精密磨床,以及设施一流的研发试验室和占地面积达22亩的生产、生活区域。"戴道金介绍说。毋庸置疑的是,这些投入数百万元从国内外购入,拥有国际先进水平的高精尖设备正是新德宝纸杯机高品质的重要保证。

(2)构建一流的质量管理体系。

戴道金认为,现代企业若想做到规范化、标准化运营,必然离不开切实可行的质量管理体系。新德宝致力于将推进品牌建设与提高产品质量和服务水平两者有机整合,使其相互促进,制定实施品牌发展战略,每年制定实施计划,落实资源和目标,不断推进品牌建设。

公司先后获得了"中国食品容器机械最具影响力企业",在行业内率先通过了 ISO 9001:2015 国际质量体系认证、ISO 14001:2015 环境管理体系认证、OHSAS 18001:2007 职业健康安全管理体系认证,以及 GB/T 29490:2013 知识产权管理体系认证。

除了获得了相关部门对公司层面的认证外,新德宝也获得了CE认证，产品达到了出口欧盟的标准。

（3）培养一流的人才。

再精密的机器也离不开人的操作，高质量的产品一定来自对产品质量有敬畏之心的员工。为了培养一流的人才，新德宝专门成立了新德宝培训中心。"我们按照不同部门、不同职务层级，分设不同特色的课程，线下邀请业内专家来授课指导，线上实行新德宝APP网络教学。"戴道金如是说。

追求实效的培训中心为新德宝输送了许多专业人才，他们大多从学校毕业后就直接进入新德宝，对于设备操作并不通晓，而培训中心的职责便是培训他们、指导他们。

比如，两年前，新德宝引进了全新的"德玛吉"设备。对于新德宝员工而言，这是一台陌生的机器。为了保证"德玛吉"的顺利投产，培训中心就承担起了对员工进行实操培训的责任。两年过去了，当初被挑选进行培训的员工都成了驾驭"德玛吉"的高手。在"德玛吉"设备前，他们熟练地操控着界面，设备里光影交错，数分钟后，一个样式复杂的零配件就出炉了。

（4）倡导工匠精神。

2016年，李克强总理在考察某工厂时提到，"中国制

第五章　戴道金
行业升维，重新定义中国制造

造"的品质革命，要靠精益求精的工匠精神和工艺创新。从此，"工匠精神"这四个字便深深地刻在了戴道金的心里。一般人认为，工匠精神主要是指高超的技艺和精湛的技能，严谨细致、专注负责的工作态度，精雕细琢、精益求精的工作理念，以及对职业的认同感、责任感。

但戴道金认为，新时代的工匠精神也应该被注入新的内涵：既要继承和发扬传统精神，也要学习和借鉴外国的工匠精神。他坚信：把这份精神牢牢地植根在心里，发挥在工作中，就没有新德宝做不好的产品。

如何培养并践行工匠精神呢？戴道金的答案是与"头发丝的1/20"较劲，终生投入做一件事，做深、做透、做到极致。

千里之行，始于足下。或许，正是凭借着这种敢于与"头发丝的1/20"较劲的精神，凭借着对品质的极致追求，新德宝才有了今天的成就。

2. 智：中国智造，拥抱互联，内外兼修

除了专攻"质造"，追求"智造"也是新德宝的不二法宝。

（1）"纸杯机+互联网"智造纸杯。

如今，新德宝的纸杯机已经可以做到可编程控制器、可视化人机界面、CCD视觉检测、物联网数据采集、手机APP可视化监控等，并且易于操作。

不仅如此，新德宝研发出的纸杯生产系统还完成了从原材料进料到输出成品的所有工序的互联网化。纸张进料——压成纸片——成型——检测——消毒——收杯，只要启动机器，这套由不同机器组成的纸杯生产系统便能自动进行生产。而连接各机器的是互联网。通过"纸杯机+互联网"，新德宝的纸杯机实现了机器互联。

"机器互联大大降低了人工成本，实现了纸杯的'智造'，提高了生产效率。"戴道金说。而在人工环节大大减少后，生产出来的纸杯质量无疑更为稳定。也正因为如此，新德宝在业内率先做出了"质保五年"的保证。

更重要的是，通过互联网实现机器互联，机器输出的不仅是纸杯，还有数据。纸杯生产企业可以通过连接各工序的互联网，随时检测、掌控耗料、废品率等相关数据，以更好地掌控生产。

20多年前，当戴道金刚刚踏入纸杯机行业时，这种便捷性和智能化生产几乎是不敢想象的。它们的出现，也将"中国制造"提升到了更高的层次。

（2）研发APP转型服务商。

正因为"纸杯机+互联网"可以同时进行数据输出，

第五章 戴道金
行业升维，重新定义中国制造

让戴道金意识到了企业转型及产品提升的方向。

"之前，我们一直倾力做产品，实际上我们还能在生产管理上为用户提供更多服务，使他们的生产管理变得更简单。"戴道金说。因此，在智能化生产的基础上，新德宝于几年前开始着力开发生产管理APP，向生产管理服务商转型。

通过这款APP，纸杯生产企业负责人在手机上就可以随时查看订单进程、机器运行状态、废品率等相关信息，等于随时都在进行生产管理，真正实现了生产链数据与信息互联，实现了无人化车间，让生产管理变得更简单（如图5-3所示）。"让生产和生产管理一起变得简单，这不仅是我们发展的方向，也是我们企业和产品的核心竞争力。"戴道金说。

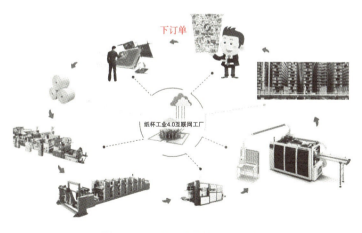

图5-3 生产链数据与信息互联

（3）研发 ERP 系统加强内部管理。

除了致力于研发 APP 转型服务商外，新德宝也在内部管理上下足了功夫。

如今，在公司上下的齐心协力下，新德宝自主研发的 ERP 系统已经完成了行政人事管理系统、产品数据管理系统、智能智造执行管理系统、财务报表管理系统、智能终端应用系统、内容管理系统、大数据可视化展示系统、用户关系管理系统等子系统的研发。

ERP 系统的研发，帮助新德宝实现了从生产计划到采购、仓库及加工流程的全程跟踪，为建设智能数字车间、信息"物联网+"、数字化管理系统打下了坚实的基础。它的出现，也是新德宝升维的又一体现。

今天的新德宝，以崭新、超前的姿态迈入了现代化工厂的行列，获得了一系列亮眼的成绩。

公司目前拥有授权专利 81 项，计算机软件著作 20 项，其中发明专利 4 项，主持和参与制定国家和行业标准 2 项，产品远销海内外，与众多知名公司达成了战略协议，为它们供应纸容器产品。

凭借多年的努力，新德宝还陆续荣获"国家高新技术企业""市级科技进步一等奖""温州市科学技术奖""浙江省科学技术成果奖""国家火炬计划产业化示范项目""温州市企业技术研发中心""省级高新技术企业研究开发中心"等多项荣誉,成为行业内技术领先的智能纸杯机专业制造商。

同时,公司作为"浙江制造"培育单位,参与了 T/ZZB 1152—2019《高速智能纸杯成型机》"浙江制造"标准的制定,并于 2019 年 10 月 18 日正式通过了"浙江制造"认证,成为国内纸杯机行业首家通过该认证的企业。2020 年 11 月,由新德宝主导起草的《纸杯外套机》"浙江制造"团体标准(T/ZZB 1803—2020)再一次获得该认证。

凡是过往,皆为序章,抱着归零心态,一心要把纸杯机做到极致的戴道金依然没有停止探索和前进的步伐。如今,他正带领着团队致力于纸杯机工业 4.0 的研发,致力于为用户提供全方位、全系统最佳组合的整体解决方案。

这是一个实践,亦是一条路径。新德宝或许可以给拼搏中的企业带来更多的思考与启迪。

周鹏

第六章

零售模式升维,
从一年 600 万元
到三个月 4000 万元

主持人董卿曾说："世间一切，都是遇见。冷遇见暖，就有了雨；冬遇见春，有了岁月；天遇见地，有了永恒；人遇见人，有了生命。"如果，你曾遇见巴马，你会深深地赞叹，那是上天遗落在人间的一片净土。

巴马是美的象征。在这片古老而神奇的土地上，一山一水皆浑然天成，一洞一石皆鬼斧神工，一草一木皆诗和远方，峰峦叠嶂，河溪交织，让人流连忘返。

巴马是长寿的代名词。在这里，五世同堂不足为奇，八旬长者依然在田间愉快耕作，百岁老人在古老的村落中悠闲地晒着太阳，来自全国各地的"候鸟"源源不断地聚集于此，感受身和心的双重洗礼。

巴马也是周鹏梦起航的地方，寄托着他的初心和使命。

十五年前，心系母亲的周鹏为了母亲的健康、长寿，第一次踏上了这方净土。此后的十五年间，他把爱留在了

第六章　周　鹏
零售模式升维，从一年 600 万元到三个月 4000 万元

巴马，把责任留在了巴马，历经数次升维，把巴马的神韵和魅力、健康和长寿，带给了千千万万个家庭。

有人曾说，商业与情怀，就像是硬币的两面，共同存在，相互作用，只有情怀没有商业，很难生存；只有商业没有情怀，很难持久。周鹏用实际行动证明了，商业的最高境界是情怀，商业的一切逻辑和出发点，都是基于大爱的情怀。

这份大爱的情怀，正是周鹏升维的底色。

从传统模式转向电商模式：
一年创下 7000 万元业绩

绿意葱葱的培训基地里，讲师正声情并茂地在培训教室授课，下方端坐的年轻人稚嫩、美好，对未来充满无限憧憬，他们正接受着入职后的第一次培训。

这是 22 岁的周鹏对正大集团（以下简称正大）的第一印象。

那是 2000 年，刚刚踏出大学校门的周鹏凭借优异的成绩和极好的面试表现，顺利入职了老牌外资企业正大。彼时的周鹏风华正茂，和坐在培训教室里的大多数年轻同事一样，在此后数十年的时间里，他们在正大完成了从青涩到成熟的蜕变，积累了宝贵的人生经验和职场经历。

作为中国第一家外资企业,正大对人才的培养深入而全面。周鹏说,从进入公司的第一天起,员工就要接受为期三个月的入职培训,从企业文化的培训到销售技巧的培训,再到工作技能、职场礼仪、工作心态的培训。三个月后,周鹏直言"有种脱胎换骨的感觉"。

不仅如此,正式入职后,正大也会频繁地把销售人员送到专门的培训基地进行常规培训,让来自全国几百家子公司的业务精英聚在一起,共同学习、互相碰撞。

"正大的培训场面非常震撼,这种方式对员工的成长也是最有帮助的。"周鹏回忆说。

正是通过正大的培训,周鹏第一次接触到了 ESPI、FABA、PDCA 等专业的销售知识和销售理论。回忆起在正大的 10 年时光,周鹏说,那是对他人生影响最大的几年,正大带给他的收获可以归结为两点。

一是帮助他养成了日清日结的良好工作习惯。正大对销售员有着极高的要求,其中最基础的一点就是每天写工作日志,做到"日清日结"。多年后,当周鹏走进行动教育的课堂,听到李践老师在讲台中央认真讲解"晨会、夕会和行动日志"时,他有一种久违的熟悉感。也是在那一刻,他意识到:好的管理理念一定是相通的、相似的。

二是教会了他什么是销售。在正大,周鹏全面、系统

第六章　周鹏
零售模式升维，从一年 600 万元到三个月 4000 万元

地学习了营销相关知识。从经销商的开发、管理和投诉处理，到评估市场、定位用户，所有一切都是正大这位"老师"传授的，和书本知识不同的是，周鹏所掌握的营销知识全部来自于他在正大的实战经验。或许别人需要几年甚至几十年才能琢磨出的方法，他一早便烂熟于心。站在巨人的肩膀上，周鹏比常人看得更远，也为他日后创业带团队、拓市场、创事业奠定了坚实的基础。

周鹏把人生最美好的十年留给了正大。十年一梦，当他站在又一个十年的岔路口时，他决定叫醒一个梦，放弃过去十年用青春、智慧和勤劳在正大挣得的一切，转而投入另一个更华丽、更诱人也更冒险的梦。

2010 年，周鹏选择了辞职创业。

在离开正大最初的一两年里，周鹏做过许多项目，也到过许多地方。从乡音亲切的武汉，到车水马龙的上海，再到灯火辉煌的北京，在那些风尘仆仆的日子里，他也曾在夜深人静时问过自己"到底为什么、值不值"。但天生乐观、执着、认准目标就一头扎进去的周鹏，总是能够很快调整状态，洗一把脸便精神抖擞地开启新一天的"一周烧掉两缸油"的用户拓展生活。

周鹏真正迎来事业的转机是在 2011 年年底。在一次年底的聚会中，他结识了远大集团的副总裁赖总。一番交流

后，赖总对周鹏欣赏有加，当场便邀约周鹏做远大空气净化器的代理商。周鹏想也没想便一口答应了。就这样，两人一拍即合，达成了战略协议。

这个看似仓促的决定，实则是周鹏经过了深思熟虑才做出的。

一方面，当时的他正在做一款 LED 灯，在周鹏看来，光和空气都是关系人类健康、不可或缺的东西，而做能让人健康的事业，符合周鹏自身的志向。也正是因为抱有这样的创业理想，几年后周鹏才毫不犹豫地选择了巴马健康活泉水事业。

另一方面，从事销售工作多年、深谙市场需求的周鹏，凭借着多年的职业敏感度隐约意识到：随着人们对健康生活和品质生活的需求不断增加，未来，空气净化一定是风口产业。

周鹏的直觉是对的。这次果断转身让他迎来了事业的第二春。

2012 年，刚刚过完热闹春节的周鹏便迫不及待地南下长沙，开始了自己的创业新征程。按照周鹏最初的规划，长沙只是他的过渡"战场"，但在后来的漫长时光中，这座历经三千年兴衰而城址不变的历史文化名城深深地吸引了周鹏。他喜爱它难以撼动的历史根基和温柔中带点泼辣的

第六章　周　鹏

零售模式升维，从一年 600 万元到三个月 4000 万元

包容氛围，更喜欢它在城市多元化潮流中依然保留着浓厚的文化韵味。

至此，他在长沙扎根下来，创办了和朴集团（以下简称和朴），成为空气与水的"代言一把手"和专注于健康事业的企业家。

"和朴"二字分别取自"和气致祥"与"敦其若朴"。"和气致祥"出自东汉班固的《汉书·刘向传》，意为对人谦和可以带来吉祥；"敦其若朴"出自《老子》，意为纯朴得好像未经雕琢。这两个字道出了周鹏的创业初心：和善通天下，朴厚赢未来。

回忆起最初在长沙"开荒辟地"的经历，周鹏说："那真是一场惊心动魄的'战役'，幸运的是，我们赶上了互联网营销的风口。"

2012 年上半年，周鹏的业绩并不理想，每月平均收入不足十万元。为了尽快打破增长僵局，周鹏想到了网络销售模式。

彼时，中国的电子商务发展得如火如荼，天猫、淘宝一骑绝尘，苏宁、国美等老牌线下零售商也开始发力线上。一时间，作为新经济重要代表的电商行业已经完全自成体系且几乎无所不包，成为推动整个社会进步发展的强力引擎。据艾瑞数据显示，2012 年，中国 O2O 市场规模高达

986.8亿元。

电商的崛起，带给传统企业巨大冲击的同时，也为企业提供了新的销售思路和新的发展机遇。毫不夸张地说，在那个"遍地掘金"的时代，谁具有互联网思维，谁敢于挑战传统，成为冲在最前面的"第一个吃螃蟹的人"，谁就掌握了销售的命脉。

周鹏便是"吃螃蟹"的人之一，这也是他的第一次模式升维，从传统模式转向电商模式。

当时，淘宝商城刚刚更名为天猫，周鹏紧随其后，迅速在天猫注册了专营店。回忆起最初的电商攻坚之路，周鹏直言："确实赶上了风口，那时候许多人还没有互联网思维，推广成本也特别低，比如我们在天猫推'空气净化器'这个关键词才八角钱，而今天价格已经涨到了28元、38元，巅峰时期甚至是88元。"

靠着敏锐的嗅觉、丰富的销售和推广经验，再加之风口的助推，2012年下半年，周鹏带领和朴团队实现了成功逆袭，业绩突破了1400万元。

不到半年时间，1400万元的业绩，在当时的周鹏看来，这是一个近乎疯狂的数字。但周鹏显然没有靠在已有的成绩上"乘凉"，销售出身、对数字和目标极度渴求的他，在2013年走向了另一个销售巅峰。

第六章　周　鹏
零售模式升维，从一年600万元到三个月4000万元

周鹏至今仍记得2013年早春的动员大会上，他带领团队一起制定年度销售目标时的情景。会上，基于2012年下半年的出色表现，周鹏团队的营销总监信心满满地报了2000万元的年度目标。当时，大家都觉得这是一个"跳一跳就能够到"的合理目标，但周鹏展露出了他标志性的笑容，拿着白板擦毫不犹豫地擦掉了销售总监写在白板上的"2000万元"，写下了另一个数字——"4000万元"。

这犹如丢下了一颗炸弹，在经历了片刻的鸦雀无声后，会场出现了不绝于耳的议论声。几乎所有人都认为，这是一个不可能完成的任务。

但周鹏肯定了"4000万元"的合理性和科学性。在销售行业摸爬滚打多年，亲历并见证了电商崛起的周鹏给了团队成员两个理由：

第一，在未来的几年时间里，电商仍将迎来高速发展，这块蛋糕能够做到多大，没人能够预估，但可以肯定的是，只要敢想，就有实现的可能。

第二，健康产业将成为未来新的风口。随着认知的逐渐提高，正有越来越多的人关心健康、追求高品质生活，空气净化器已经不再是一个奢侈品，而是家家户户必备的家用电器。

时光验证了周鹏眼光的毒辣。这一年，他的团队做出

了 7000 万元的业绩，远远超过了 4000 万元，仅"双十一"购物狂欢节○当天，业绩便达到了 600 万元。

"十分钟不到，就达到了第一个 100 万元，当时整个团队全员上岗，24 小时守在电脑前，打起 200% 的精神。直到'双十一'结束后，我们紧绷的神经才放松下来。这时候，我发现我们已经 24 小时没合眼了。"说到 2013 年"双十一"的情景，周鹏难掩激动。

亮眼的业绩不仅让周鹏迎来了事业的新高峰，也让他看到了团队的力量和梦想的力量。他意识到：只要想做，一定有很多方式可以做到，当你做一件事的意愿足够强烈时，身边的所有事都是机会，身边的所有人都会帮你。

至此，他更坚定了创业的信心，而一个更恢宏、更伟大的梦想，也开始在周鹏心中升腾。

从代理模式转向会销模式：
走出产品同质化、库存积压严重的困局

早年间，周鹏养成了喝茶的习惯。周鹏说，闲暇之余，

○ "双十一"购物狂欢节是指每年 11 月 11 日的网络促销日，源于淘宝商城（天猫）2009 年 11 月 11 日举办的网络促销活动。

第六章　周　鹏
零售模式升维，从一年600万元到三个月4000万元

寻一处幽静，沏一壶好茶，唇齿留香之际，生活的滋味便都融在了茶里。

因为喜茶，周鹏对水也颇有研究，"市面上的许多纯净水多为'软水'。这类饮用水经过过滤，把所有矿物质全部都滤掉了，只剩下单纯的'水'，作为解渴之用尚可，但喝多了容易导致人体矿物质流失。"周鹏如是说。传统认为，泡茶"泉水为上，河水次之，井水为下"。或许冥冥之中周鹏和巴马活泉水的缘分早已结下——用他的话说，他的巴马活泉水和紫砂壶里的热普简直就是"天作之合"。

事实上，真正让周鹏决定做"健康水"生意的，是他的母亲。

2014年国庆节，难得空闲的周鹏回乡探望母亲。吃饭前，母亲熟练地掀起衣服在肚子上打了一针胰岛素。这一针打在了母亲身上，却痛在了周鹏心上。

周鹏出生在湖北襄阳一个普通家庭，早年间，父母为了将他养育成人吃了不少苦。这些年，他四处奔波，经历了辞职和创业，本意是为了创造更好的生活，让父母安享晚年。可是当他有足够的能力孝敬父母时，母亲却患上了严重的糖尿病，健康已不在。

这次探亲带给了周鹏极大的触动。此后，他开始四处打听治疗糖尿病的良方。一次偶然的机会，他听说了巴马

这个神奇的地方。作为中国第一长寿之乡，据说巴马的老人都很长寿，活到 100 岁并不稀奇。近些年，有许多饱受病痛之苦的老人都选择去巴马疗养，成为巴马"候鸟人"。

这个消息让周鹏兴奋不已，他当即决定推掉手头工作，带母亲去巴马。2014 年 11 月，周鹏和母亲正式踏上了去巴马的旅程。

那是周鹏第一次到巴马，他被眼前的一切震撼了：黄金霞光里，群山巍峨，云雾缭绕，无论是点缀在盘阳河两岸的小村落，还是隐秘于群山中的壮瑶寨子，都散发着悠闲惬意的气息。在古老的村落中，三五成群的百岁老人悠闲地晒着太阳。尽管只是一个很普通的山区小城，街道不宽，车流量不大，但穿梭其中，选择到这里疗养的外地"候鸟人"随处可见。

周鹏和母亲在巴马度过了难忘的七天。这七天里，他们感受到了难得的放松和舒适：清晨迎来第一缕阳光，漫步在盘阳河畔，呼吸着清新的空气；累了，可以坐在堤岸边，静听流水，还可以随心撩拨一下清凉的河水；遇上面生的"候鸟人"，相互点头微笑示意。

除此之外，他还见识了巴马百岁老人像年轻人一样上山砍柴、下地干活，也看到了年过九旬的老人去村口喊母亲回家吃饭的奇观。更让他欣喜的是，母亲的气色一天天

第六章 周 鹏
零售模式升维，从一年 600 万元到三个月 4000 万元

好了起来，心态也越来越年轻。以前，六十多岁的她总觉得自己"老了"，而现在她发自内心地认为自己"还年轻"。

就在周鹏试图揭开巴马的长寿秘诀时，他结识了把他引上健康事业的领路人——巴马活泉董事长胡有泉博士，周鹏内心的谜团也由此解开。

位于广西壮族自治区西北部的巴马瑶族自治县是世界五大长寿之乡中百岁老人分布率最高的地区，被誉为"世界长寿之乡·中国人瑞圣地"。而巴马老人长寿的秘诀之一就是水。

巴马的水，多是源自长寿山深层地下水和富含矿物质的巴马可滋泉水，又称小分子水，主要具有三个显著特点：

一是活性极强：每一滴巴马水几乎都来自于三千三百多年前。据巴马当地人说，巴马的山泉水，从山洞里打出来，放上一年，水也不会变质。

二是含有丰富矿物质：巴马水系发达，暗河密布，山泉水、地下水由于反复进出于地下溶洞而被矿化，使之含有十分丰富的矿物质，如锰、锶、偏硅酸、锌、硒等。

三是天然弱碱性：巴马水 PH 酸碱度一般在 7.2~8.5 之间，接近人体血液的 PH 酸碱度。

从巴马回来后，周鹏脑海里始终萦绕着巴马的水，一个大胆的想法在他脑中逐渐成形：把巴马的水带到长沙，带给千家万户，帮助千千万万和他一样因为忙碌而没有关照自己的身体、忽视了亲人健康的人。

多年的销售工作经历练就了周鹏敢想敢干的性格。他开始进行深度市场调研，搜集巴马水的潜在用户信息，并多次往返巴马考察水资源。随着了解的不断深入，周鹏把巴马活泉引至长沙，致力于健康事业，帮助更多人喝上好水的决心更加坚定。

据 2004 年 10 月 12 日卫生部公布的 2002 年中国居民营养与健康现状调查报告显示：当时，中国的超重和肥胖人口已达 2.6 亿，高血压人口已达 1.6 亿，血脂异常人口已达 1.6 亿。

此后十几年间，这个数字一直在增长。据国际知名咨询机构德勤咨询发布的《2020 年健康医疗预测报告》显示，中国高血压人口将达到 1.6~1.7 亿，高血脂人口将达到 1 亿多，糖尿病患者将达到 9240 万，中国"三高"总人数将超过 3 亿。而据国际糖尿病联合会估计，到 2030 年，中国糖尿病患者将再增加 4000 多万。

触目惊心的数字背后，周鹏看到的是和母亲一样的病友饱受病痛折磨。2015 年，和朴正式代理巴马活泉，成为大自然的"搬运工"。自此以后，周鹏把自己的事业和"爱"与"健康"紧紧连在了一起。

第六章 周 鹏
零售模式升维，从一年600万元到三个月4000万元

刚开始代理巴马活泉时，周鹏是一个"三无"人员——无资金、无人才、无核心专利。面对这样的困局，周鹏开始思考如何破局。

在思考许久以及进行市场调研后，周鹏决定采用会销模式。虽然会销模式如今被人诟病，但在当时会销模式操作门槛低、容易复制、结构简单，是最适合打开市场的商业模式。

所谓靠山吃山，靠水吃水，周鹏充分发挥内外部资源效能，一年成功举行会销十余次，成功实现了企业转型，顺利使企业做大做强。

通过会销，周鹏在全国各地招募了更多的代理商加盟，进一步扩大了品牌市场和影响力。极具诱惑力的招商方案，全方位的培训体系，快速吸引了众多代理商加盟。仅在2018年6月底的两场内部招商会中，周鹏的招商业绩就再创新高，两天招商700多万元，这在过去是想都不敢想的。

而2018年10月，周鹏直接打通了峰会流量的节点，成功招纳了20余名水务中心代理、30多名会员，最终成功收款近500万元，由此产生的延伸价值可达2000万元……

迅速落地应用，使其产品巴马水"命河泉"从纯净水

市场的饱和竞争中脱颖而出，走出了产品同质化严重、库存积压严重、市场苦苦打不开的困局。

从营销模式转向增长模式：实现业绩突破式增长

2015年春节前夕，周鹏马不停蹄地赶往巴马，运回了首批60吨巴马活泉。"像是在运输生命之泉。"回忆起第一次运输时的神圣心情，周鹏至今仍记忆犹新。

第一次尝试做活泉水，周鹏采取了最传统的营销模式：他铺设了线下活泉水专营店，同时通过铺店把活泉水引入了商超，为了扩大活泉水的知名度，周鹏还在报纸、电视上投放了大量广告。

可是，效果却并不理想。

从2015年到2017年，周鹏自己算了一笔账：两年时间，建店、进超市、铺货、赞助、打广告……投入了400万元，每年销售额却只有600万元。这个惨痛的数字让周鹏万分痛心。为什么这么好的产品卖不出去？是不够努力，还是不够用心？周鹏内心产生了巨大疑惑。带着这个疑惑，他决定到行动教育取经。

周鹏和行动教育的结缘要追溯到很久以前。2012年，

第六章　周　鹏

零售模式升维，从一年 600 万元到三个月 4000 万元

周鹏刚刚创办了和朴集团，代理远大空气净化器。作为一个从正大这种重视培训的老牌外资企业出来的"老营销人"，周鹏深知学习的重要性。一次偶然的机会，他听朋友提到了李践老师的"赢利模式"课程。对于李践老师，周鹏早有耳闻，在朋友的推荐下，他抱着试一试的心态走进了行动教育"赢利模式"第 179 期的课堂。

在课堂上，李践老师提到的"锁定高端"概念和"大鲸鱼"策略让周鹏受益匪浅。凭着这一招式，他很快就找到了增长的秘籍，实现了业绩的突破式增长。

自此以后，行动教育便成了周鹏事业路上的"启明星"。

为了打破巴马活泉的增长僵局，2017 年，周鹏再次走进了行动教育的课堂。在"校长 EMBA"课程中，李践老师讲到了要聚焦、要"断舍离"、要做差异化，周鹏一下子茅塞顿开，找到了问题症结——巴马活泉之所以做不好，不是不够勤奋，而是增长模式不对。

从上海学习回来后，周鹏坚定了将巴马活泉彻底盘活的决心，他带领团队再一次对巴马活泉进行了市场调研，并决定对巴马活泉进行增长模式的升维。

2019 年，在沉淀两年后，周鹏大刀阔斧地开启了他的增长模式升维之路。

1. 战略设计：成为第一

在"校长 EMBA"的课堂上，李践老师强调：99%的中小企业死于战略，而真正的战略是以终为始，站在未来看现在。战略设计解决的是企业发展的两大核心问题：定位和定标。

（1）定位：成为第一。

战略设计的第一步是定位。商业世界遵循着适者生存、优胜劣汰的法则。尤其是在互联网时代，马太效应愈发凸显，唯有成为第一，才能生存。基于此，周鹏的定位明确又笃定：成为第一。这个"第一"也是有战略排序的，先成为区域第一，再成为中国第一，最后成为世界第一。如图6-1所示。

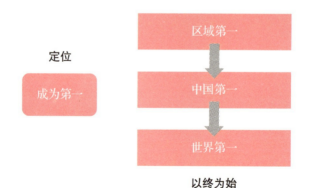

图6-1 巴马活泉的产品定位

（2）定标，差异化生存之道。

定位"成为第一"后，周鹏的企业就能成为第一吗？当然不是。接下来，周鹏开始了战略设计的第二步：定标。

大量商业实践表明，任何一家缺乏特色的企业都难逃同质化竞争的宿命，而最后能够杀出重围的，往往都是那些走差异化发展道路的企业。与其和竞争对手在同一条跑道上大打价格战，不如从一开始就走出一条差异化发展道路。

确定走差异化道路之后，周鹏面对着一个问题：如何才能走差异化道路？

这时，周鹏在行动教育上的"校长EMBA"课的内容，起到了决定性作用。在课上，李践老师向周鹏分享了一个观点：企业走差异化道路有两个选择，一是价值创新，二是成本领先。对于选择哪一条道路，李践老师给出的方法是"三元法则"。

什么是"三元法则"？所谓"三元"，指的是企业竞争中的三个维度：用户、对手和自己。

企业的一切商业竞争，本质上都是抢占用户、区隔对手和突出自己。"三元法则"就是企业在了解用户、对手和自己的基础上，明确发展的差异化，从而选择最适合自己的那条差异化道路。如图 6-2 所示。

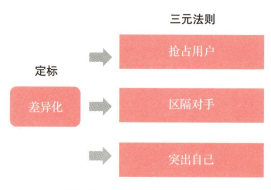

图 6-2 巴马慧泉的产品定标

在抢占用户方面,要分析用户的痛点。过去做代理时,巴马活泉水并没有非常明确的用户画像,用周鹏的话说:"什么样的用户都有,只要有人介绍,我们都接单。"这样的局面导致的直接后果就是不聚焦,在该花时间、花精力攻克的重点用户身上花的时间、精力不够,抓不住核心用户。

创建了自己的品牌——巴马慧泉后,对其定位十分明确——成为第一,走差异化路线。据此,周鹏和核心团队对现有用户进行了梳理,并结合市场调研,制作出了清晰的用户画像和用户痛点,将目标用户分为了两类,如图 6-3 所示。

无论选择哪条差异化发展道路,做自己的用户都是掌

图 6-3　巴马慧泉的用户画像

握产品和服务痛点的最佳途径。周鹏认为，只有掌握了这些用户的痛点，他的企业才有可能将产品和服务做到让自己和用户尖叫的程度。

在区隔对手方面，要分析对手的弱点。通过分析，周鹏发现：近年来，中国软饮料市场主要集中在瓶装水和功能饮料领域，随着消费者健康意识的不断提升，瓶装水市场不断扩大。

据国家统计局、中国海关和智研咨询有限公司（以下简称智研咨询）发布的相关数据显示：2019 年，中国瓶装饮用水产量为 9698.54 万吨，同期进口数量为 78.57 万吨，出口数量为 33.86 万吨；瓶装饮用水需求量为 9743.25 万吨。详情如图 6-4 所示。

在瓶装水中，又以水源地限定在冰川融水、原生态水源等地的冰川矿泉水、天然矿泉水以及优质泉水等高端水前景最为广阔。据智研咨询发布的《2020—2026 年中国高

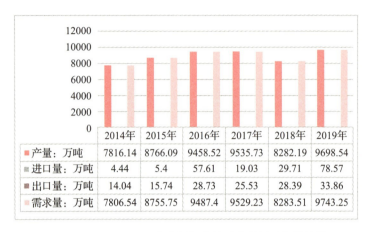

图 6-4 2014—2019 年中国瓶装饮用水供需平衡统计图

端瓶装水行业市场全面调研及投资方向分析报告》中的数据显示：近几年，我国高端瓶装水零售量快速增长，2014年为 76.11 万吨，到了 2019 年，这一数字几乎增长了一倍，为 146.36 万吨。详情如图 6-5 所示。

高端瓶装水市场占比的逐渐增长，让有着丰富市场经验的周鹏敏锐地意识到：相比于大众瓶装水，有着明显产品特性的高端瓶装水更符合当下国内消费者的消费需求。未来，高端瓶装水市场将是瓶装水市场最具活力的垂直细分领域之一。目前，这个细分领域尚处于开拓阶段，饱和度低，最好切入。

在突出自己方面，要分析自己的优点。目前国内的高端瓶装水市场主要可以分为国外水源地和国内水源地两类。

图6-5　2014—2019年中国高端瓶装水零售市场规模

其中，国外水源地品牌的水主要在国外灌装，以进口形式引入国内市场，主要代表有依云、巴黎水、圣培露等；国内水源品牌的水主要有5100西藏冰川水、农夫山泉莫涯泉、昆仑山等。周鹏认为，要想与这些已经具备一定品牌知名度的产品相抗衡，走"硬碰硬"的道路显然不可取，打"价格战"更不可取，唯有另辟蹊径，靠产品品质和优质服务取胜。

据此，周鹏总结、提炼出了和朴旗下巴马慧泉区隔对手、突出自己的三大优势。详情如图6-6所示。

产品质量
五好水源保证600百万吨每年
水质与依云对标

专业服务
一对一管家式客服服务
三年专业服务经验团队

技术支持
独创扫码自动识别技术
成熟的经销商管理系统
领先的会员管理系统

图 6-6　和朴旗下巴马慧泉区隔对手、突出自己的三大优势

2. 产品战略：聚焦，深挖

对于产品和战略之间的关系，有人认为是相互匹配的关系，有人认为产品是战略落地后的产物。但周鹏更认可自己在行动教育所学的观点——产品就是战略，战略就是产品。企业只有打造出真正的爆品，才能在迈向第一的道路上走得步履坚实。

那么，为什么有的企业做不出爆品呢？

企业做不出爆品的原因或许有很多，但其核心原因只有一个：产品不聚焦。做产品如同钻井，如果我们连一口井都没有钻到底，就又开了 1000 个井口，最终的结果可能是：每口井都只能挖到一米的深度。

了解了做爆品的本质后，周鹏想出了做出爆品的方法——遵循"1米宽、1000米深"的"钻井"规律，砍掉多样化的产品，把人力、物力、财力、时间聚焦在一个点上，集中力量挖出"1000米深、10000米深"的深井。

具体如何做呢？周鹏说要坚持产品的四个"1"工程，即"1米宽""1000米深""10000米深""100000米深"，如图6-7所示。

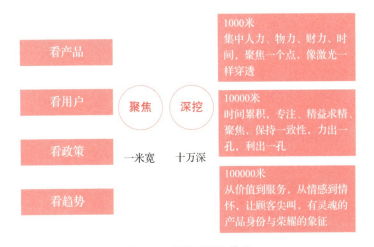

图6-7 周鹏的聚焦战略

（1）"1米宽"，利用"四眼看天下"，找到尖刀产品。

"1米宽"要求周鹏要找对"井口"，如何找对呢？周鹏用了一个十分关键的方法——"四眼看天下"，即看产品、看用户、看政策和看趋势。

在看产品方面，周鹏用到的方法是核查两大关键数据：

总收入和利润率。首先，他根据这两大数据将自己企业的产品从高到低进行排序；其次，他将总收入最大、利润率最高的产品选出来。通过这两大关键数据选出来的产品，就是企业的尖刀产品。

在看用户方面，周鹏着重看的是产品的重复购买率。一个产品的重复购买率越高，用户黏性就越高，也就说明这个产品的市场竞争力越强。

在看政策方面，周鹏主要看的是国家的政策是否支持和鼓励他做这个产品，会不会受到限制。他通过查询各种法律、法规和区域政策，清晰地了解了这一点。

在看趋势方面，周鹏看的是同行的发展趋势以及资本市场对同行的估值。

（2）"1000米深"：断、舍、离。

"1000米深"要求周鹏做产品时一定要学会断、舍、离。要做到聚焦在尖刀产品上，对于那些非尖刀产品，周鹏要么卖掉，要么停止运营，要么不再投入人力和物力。周鹏进行断、舍、离的目的，就是为了用十倍的力量去做一个产品。

（3）"10000米深"：专、精、深的品质。

"10000米深"要求周鹏的尖刀产品必须具有专、精、深的品质。如何做到这一点呢？周鹏采用的是"一致性法则"。按照"一致性法则"，在战略设计上，周鹏必须从经营管理的各个部分和环节，全面贯彻自己选取的差异化道路，力出一孔，利出一孔。

（4）"100000 米深"：满足用户，超出用户期望。

"100000 米深"要求周鹏的尖刀产品要不断满足用户乃至超出用户期望。这是产品战略的最高境界。对此，周鹏在产品品质上采用了更高的标准。所谓更高的标准，是指即便今天周鹏将产品品质做到了 100 分，也只等于 0 分；如果做到了 101 分，那也只等于 1 分……只有周鹏做到了 200 分，才算有 100 分的成绩。只有这样的产品才会让用户尖叫。

3. 用户战略：锁定高端+用户终身制

做完了产品战略的升维，接下来，周鹏开始了用户战略升维。通过选择差异化发展道路，聚焦尖刀产品，周鹏把企业的基本功做扎实了。但这些还远远不够，因为企业所有的升维，最终指向都是经营用户。

（1）锁定高端。

在用户战略上，在没有踏入行动教育的课堂前，周鹏也走过很多弯路。刚开始时，他把目标瞄向大众市场。他认为大众市场的用户多、市场大，投入的成本会较少，但最终的结果与大多数中小企业一样，铩羽而归。

李践老师曾经在课堂上讲过一个方法——格子圈养法，是指企业必须对自己锁定的市场进行细分，用一个个的"格子"将其圈起来，然后再到这些格子里去捕鱼。周鹏利用这个方法，根据用户的消费水平进行区分，最后把用户锁定在高端市场。在高端市场中，周鹏再进行细分，分出了中端中的高端和低端中的高端，如图6-8所示。

图6-8　格子圈养法

当周鹏把企业的用户战略锁定在高端后，也曾面临着企业领导层的质疑：为什么我们锁定的都是高端、中端中的高端、低端中的高端用户，而不去锁定其余的部分，比如低端市场中的大众用户呢？

面对质疑，周鹏坚定地认为：要想在规模小、竞争力弱的背景下既保证产品和用户的品质，又实现高性价比是很难的，很容易心有余而力不足，所以没有必要拿鸡蛋去碰石头。

实践出真知。如今,周鹏的巴马慧泉通过不断细分市场、锁定高端用户,进行精准的格子圈养,已经在市场上打拼出属于自己的一片天地。

(2)终身制战略:将用户变成终身用户。

将用户锁定在高端市场还不够,用户战略的最高境界是将普通用户变成终身用户。周鹏通过锁定高端用户,已经拥有了一批忠实的高端用户。接下来,周鹏要做的是把这些用户变成终身用户。

那么,有什么办法可以将这些用户变成终身用户呢?周鹏想到了李践老师在课堂上讲的两个方法:复购率和转介绍,如图6-9所示。

图6-9 终身制战略

通俗地说,判断一个用户是否为终身用户,关键就是看他对巴马慧泉的产品或服务的重复购买率高不高、转介绍的情况多不多。如果一个用户一直在购买巴马慧泉的产品，而且自动自发地将巴马慧泉的产品转介绍给身边的人，那么这个用户就是巴马慧泉的终身用户。

那么问题来了，要如何提高复购率和转介绍率呢？

周鹏运用了"1+3"模式。所谓"1+3"模式，其中"1"指的是用户对巴马慧泉的忠诚度，"3"指的是关键模型、关键接触、关键动作。

在忠诚度上，周鹏通过巴马慧泉产品的知名度、品牌美誉度和超出用户期望值来打造。在产品的知名度上，除了产品的宣传，周鹏把更多的精力花在产品上，只有产品超出用户期望值，才能获得品牌美誉度和用户忠诚度。

在关键模型上，周鹏设计出了一个从满足用户需求到用户购买产品，再到重复购买产品，最后是产品转介绍的逻辑模型。所有的终身用户在消费习惯上都要符合这个模型。

在关键接触上，靠的还是产品，也就是说巴马慧泉的产品必须打动用户，产品要"会说话"且"有温度"，能够触动用户的心。

在关键动作上，为了使产品的复购率和转介绍率实现闭环，周鹏每日精进，在聚焦产品的基础上，每天以高标准要求所有员工。同时，周鹏还通过持续改进，在产品研发上实现了一次又一次的升级。所有的这些关键动作，最终都指向一个目标：提高用户对产品的忠诚度，使其成为企业的终身用户。

4. 渠道升维：得渠道者得天下

通过学习行动教育"校长 EMBA"课程，周鹏还学到了至关重要的一点：得渠道者得天下。这 7 个字让周鹏意识到：再好的产品，如果没有匹配的销售渠道，也无法被更多人看见、信任和选择。

过去，和朴的销售渠道主要是通过开设线下门店或者将产品引入商超。这种传统的销售渠道主要有三大痛点：一是人力、物力等经营成本与日俱增；二是成熟品牌占据市场，竞争激烈；三是消费者可选择性大，黏性不高。

针对这三大痛点，周鹏对和朴的销售渠道进行了升维。具体来说，和朴的销售渠道升维主要体现在两个方面。

（1）从卖水到卖卡。

升维后，和朴不再单纯卖水，而是推出了会员卡制度，由卖水转为卖卡。进一步细化，周鹏将巴马慧泉的会员卡划分为福卡、禄卡、寿卡、禧卡四类，不同的卡享有不同的会员权益，详情如图 6-10 所示。

任一会员，均享受两级 20%&5% 推荐奖励

名称	福卡
金额	3600
水资	3800
相当折扣	9.5折

名称	禄卡
金额	10000
水资	11000
相当折扣	9折

名称	寿卡
金额	30000
水资	35000
相当折扣	8.5折

名称	禧卡
金额	100000
水资	125000
相当折扣	8折

图 6-10　巴马慧泉会员卡分类

（2）从卖产品到卖文化。

做活泉水代理时，周鹏采取的是最传统的营销策略——通过开设线下门店、进商超等方式直接卖产品。升级后的巴马慧泉有了自己的品牌，有了清晰的用户画像，针对的目标客群大多是有钱、有闲、有文化且对生活品质有一定追求的中老年人。周鹏调整了营销战术，从卖产品升维到了卖文化，推出了巴马长寿之旅、鉴水师培训班、重走井冈山革命之路、井冈山拉练等一系列特色活动。

过程是煎熬的，结果是美好的。

通过一次次零售模式的升维，通过不断尝试、不断调整、不断进步，周鹏带领和朴打造了让用户尖叫的产品，从竞争白热化、残酷的瓶装水市场转向充满无限可能的高端瓶装水蓝海市场，完成了从业绩一年 600 万元到三个月

4000万元的完美升维。

更让周鹏欣慰的是，在他的努力下，健康的巴马慧泉正被更多人看见。2019年，巴马政府开通了长沙、重庆等直飞巴马的航线。

周鹏说，这班航线就像一座彩虹桥，既连接了从秘境巴马流淌而来的健康活泉水与人们对高品质生活的追求，也连接了他"让10万中国家庭喝上健康好水"的初心和实现年销售额1亿元的雄心。

王宝

第七章

用户升维，后疫情时代的增长法宝

在有着"中国硅谷"之称的北京市海淀区北部核心商务区，坐落着一家独具特色的五星级酒店：集商务会议、主题温泉、酒店式公寓、餐饮娱乐于一体，气势恢宏的西山美景与酒店迷人的园林景色交相辉映，中式风格的设计别具一格，尊贵的房间布局、舒适高雅的床上用品以及奢华的卫浴设施……

这家酒店便是宏昆集团旗下的朗丽兹西山花园酒店（以下简称朗丽兹）。

作为以中华传统文化为特色的五星级度假酒店，走进朗丽兹，不仅可以享受温泉、喷泉餐厅、西山茶室等独具特色的尊贵服务，还能感受到焚香、煮茶、京剧等原汁原味的中国传统文化。不一样的它，也有着不一样的发展经历。

第七章 王 宝
用户升维,后疫情时代的增长法宝

为了给用户最好的体验,它经过了 6 年筹备才建成面市。

因为专注品质,已经完工的它曾推倒重建,损失高达 7000 多万元。

面对新冠肺炎疫情,当其他传统酒店一筹莫展、遭遇低迷时,它却凭借新零售模式再创佳绩。

后疫情时代,面对行业低谷,它从女性用户思维出发,锚定女性用户,一鼓作气,实现了逆势增长。

如果要用一个词来形容朗丽兹的升维之路,那么这个词一定是"用户第一"。这铿锵有力的 4 个字,正是贯穿酒店发展始终、融入酒店血液之中的经营管理基因。

恪守初心,
做产品的初心永远是解决用户问题

时光回溯到 2003 年。7 月正是一年中最炎热的季节,穿着整洁白衬衫,头发梳得一丝不苟的王宝,第一次走进了宏昆集团(以下简称宏昆)的大门。

此时的王宝,刚刚走出象牙塔,在最好的年龄进入最好的公司,这一度令他备感骄傲。而他不知道的是,在此后十几年里,踏实、果敢、永远对生活和事业充满热情的他，会以飞快的速度完成人生角色的升维，从一名职场新人，成长为独当一面的五星级酒店领头人。

回顾自己的成长经历，王宝认为，有3个人对他产生了深刻影响，他们都是他的人生导师。

第一位给王宝带来深刻影响的人是他的父亲。

在王宝的记忆里，父亲是一位对自己要求极高，对他人却很宽容的人。不管在工作中，还是在生活中，遇到问题时，他总是首先反省自己、鞭策自己变得更优秀，而很少要求别人。

少年的王宝曾和父亲有过一次深入交谈，他问父亲："为什么遇事总是自己扛，而从不要求别人？"父亲笑着回答说："如果你能把自己改变了，那你就是神；如果你想去改变别人，基本不太可能。做人做事最重要的原则就是好好改变自己，然后不断成长。"父亲的话在王宝的心中深深扎下了根，在父亲的言传身教下，王宝也成为像父亲那样的人。

除了在王宝的性格里种下了严格要求自己、宽容对待别人的基因外，父亲对王宝的影响还体现在他早早就教会了王宝独立和自强。从王宝记事起，父母便很少替他做决定，只是温和地给他建议。在一些人生的重要节点，比如考学、毕业、工作等，父亲几乎都将决定权交给了王宝。

第七章 王 宝
用户升维，后疫情时代的增长法宝

在父母的影响下，王宝成长为一个果敢、坚毅、自信而敢于尝试的人。这些优秀的品格和良好的性格特征，在他后来进入宏昆工作，从一名最基层员工成长为高层管理者的过程中起到了重要的影响和推动作用。

第二位对王宝影响深刻的人是德鲁克。

王宝第一次接触德鲁克的书籍要追溯到大学时代。谈起德鲁克对自己的影响，王宝描述道："就像混沌的世界里突然亮起来不一样的光。"后来进入宏昆后，德鲁克的著作成了宏昆的必读书目，王宝个人的读书体验也是常读常新。

在德鲁克的所有书籍中，王宝认为《卓有成效的管理者》对他的影响最大。在王宝看来，作为企业的管理者，到底是成为组织的领导人，还是成为组织的囚徒，不仅决定着个人的成败，更关系着企业的安危和对员工、用户的承诺兑现与否。而德鲁克在《卓有成效的管理者》一书中，对于时间管理、团队管理和决策管理都提供了非常有效的方法、工具和解决方案，给了王宝很多启迪。

以德鲁克的"目标管理"为例，这个理论让王宝重新审视了企业的根本目标，同时也让他对创造用户和员工的自我管理有了真正意义上的思考。"可以说，我们企业最近一段时间所有努力的源头都是来自德鲁克的管理思想。"谈到德鲁克，王宝显得很兴奋。

第三位对王宝影响深刻的人是他的领导、老师、搭档兼朋友——宏昆集团董事长陈芳。

王宝眼中的陈芳，是一个有意思的宝藏"怪咖"。他的"怪"，主要体现在他从不像其他企业领导者那样看重企业的营业额和经营数据，而只关注用户满意度。在他眼里，比起酒店今天销售了 100 万元还是 1000 万元，比起宏昆今年挣到了 1 亿元还是 10 亿元，更为重要的永远是入住宏昆酒店的客人是否满意，是否拥有一段美妙的旅程，是否还会再次选择宏昆。

让王宝记忆犹新的是 2003 年他刚进入公司时，有一次因为做活动，宏昆的营业额突破了 100 万元。对于当时的宏昆而言，100 万元是个非常了不起的数字，因为在这之前，宏昆的营业额始终保持在十几万元。那天，年轻的王宝喜滋滋地向陈芳报告了这个好消息，就像等糖吃的孩子一样，他以为陈芳一定会表扬自己。没想到，王芳的眼里却看不到一丝惊喜，沉默了几秒后，他开口问王宝的第一句话却是："今天我们的用户感受怎么样？他们觉得很开心吗？我们服务得很好吗？"

应该说，陈芳还是第一个将"用户第一"的经营管理思维烙印在王宝内心的人。都说一个企业的领头羊决定了

第七章　王　宝
用户升维，后疫情时代的增长法宝

一个企业的基因，从陈芳身上，王宝看到了全心全意为用户服务的初心。自此以后，"用户第一"也成了王宝的经营哲学。

由于自身勤奋努力，再加之有好的人生导师指引，王宝进步很快。2012年，王宝被委以重任，开始筹划朗丽兹项目。当时，朗丽兹的规划已经全部做好，二次结构、房间布局、功能设计等都已经基本完成。

接到任务后，王宝特意飞了一趟迪拜。在迪拜，他花了足足一个月时间试住了所有酒店，目的正是体验世界上最高端的酒店究竟好在哪里。

随着入住的酒店越来越多，王宝开始清醒地意识到：国内传统酒店和迪拜顶级酒店的最大差别，正是在于一个是为了做酒店而做酒店，另一个则是围绕用户需求、围绕初心去经营酒店。

回来后，王宝开始思考：朗丽兹存在的目的到底是什么？它究竟能为用户提供怎样的价值？

通过深入思考和认真复盘，王宝发现，朗丽兹最大的特别之处是它的地理位置。朗丽兹位于北京市海淀区北部核心商务区，紧邻永丰、中关村软件园，距首都国际机场仅45分钟车程，开车前往北京各大火车站不到35分钟，距离联想、百度仅有5分钟车程，著名旅游区颐和园、圆明园、香山、百望山皆"近在咫尺"。王宝认为，身处于"中国硅谷"，从百度、用友、滴滴、华为等大型公司的角度出发，去做酒店规划和产品迭代，无疑是最能凸显朗丽兹价值和意义的方式。

想清楚这些问题后，王宝决定推翻朗丽兹之前的所有规划，重新进行酒店定位和酒店设计。可以预料的是，王宝的这个决定很快便遭到了周围人的反对，因为重新规划就意味着一切推翻重来，必然会造成重大损失。

但王宝异常坚定，他坚持认为：做任何一件事都应该有它的意义和价值，如果缺少了这两个关键要素，就失去了做这件事的必要性。比起建造一所为了创办而创办的酒店，重新规划和设计酒店，为酒店赋能，凸显酒店价值，更能带来长远的价值。

就这样，2012年，朗丽兹迎来了属于自己的"重生"。尽管这次"重生"花费了7000多万元，但事实证明，这7000多万元花得格外值得。建成后的朗丽兹定位五星级全方位服务酒店，气势恢宏的西山美景与酒店迷人的园林景色交相辉映，总面积6万余平方米，拥有豪华客房225间，会场面积6000余平方米。而独具特色的朗丽兹西山温泉，更是为酒店增色不少。凭借着良好品质和独特魅力，朗丽兹一经推出就收到了极好的用户反响，入住率不断攀升。

朗丽兹的成功，给了王宝极大的信心。也是从那时候起，他真切地感受到了以用户为中心的魅力和重要性。凭借着这种"用户第一"的优良基因，在未来的几年中，朗丽兹不断创造奇迹。

破局之道，
以全心全意为用户服务为宗旨的业务管理

2020年伊始，一场突如其来的新冠肺炎疫情让所有企业措手不及，成为搅动2020年中国经济的最大变量。在这场疫情旋涡中，受影响最大的无疑是第三产业，特别是旅游行业和酒店行业，朗丽兹也未能幸免。

而在2019年，酒店业刚刚度过了自己最"威风"的一年。"2019年，不管是北京、上海，还是深圳、广州，能够做酒店的物业绝对都是最抢手的。"谈起2020年之前的酒店行业，王宝如是说。作为以中华传统文化为特色的五星级酒店，朗丽兹的生意一直很火爆，整个2019年酒店的出租率都在90%以上。

然而，2020年1月，一切戛然而止。从1月到3月，在将近2个月的时间里，10万多家酒店陷入了"停滞"状态，紧随其后的是这个行业 1000 多万从业者被按下了"工作暂停键"。这其中也包含了宏昆及其旗下的十几家酒店和 2000 余名员工。

怎么办？

在混沌未知的时刻，有人抱着悲观消极的态度坐以待毙，有人乐观地等待疫情结束后迎来消费增长……而王宝则决定自救。当时的他，既不悲观，也不乐观，而是展示出了一位成熟领导在困境面前的理智和冷静。这种冷静，正是来源于朗丽兹的"居危思进"文化。"居危思进"来源于"居安思危"，它强调的是在安全的环境里要保持思考，要把企业想象成在危险当中，以此来思考如何解决问题。

新冠肺炎疫情暴发以后，王宝每时每刻都在关注政策和经济的变化。通过分析，他认为，疫情对酒店行业带来的影响可能是长期的，一方面，疫情有可能会持续很久，所有酒店业的同仁们都要做好打持久战的准备；另一方面，即便疫情结束，元气大伤的酒店行业也不可能立马复原，进入最佳状态。因此，及时调整业务方向，保证现金流，成了朗丽兹的当务之急。

与此同时，王宝也认为，危机之中往往暗藏着机遇，每一次危机到来，都会带来一次新的用户生活方式的改变。

换言之,谁抓住了危机中的用户,谁就抢占了未来的发展先机。

就这样,王宝决定不再等待,而是积极开展自救行动。以全心全意为用户服务为宗旨的业务管理为中心,他的"战疫"自救之路主要分为两步,如图7-1所示。

图 7-1　疫情期间,朗丽兹的自救之路

1. 上线朗丽兹严选商城

既要保证朗丽兹有新业务,又要保证朗丽兹有现金流,这是王宝决定开展自救时为自己定下的目标。然而,在酒店业深受影响的 2020 年 3 月,这一切谈何容易。

当时,纵观各方数据及报告后,王宝发现,疫情期间用户心态发生了很大的改变。其一,在消费品类上排名第一的是家庭洗涤清洁和消杀用品等,紧随其后的是日常家庭食材、乳制品饮料及日用品;其二,在数字化技术覆盖的今天,消费者除了品质、体验、性价比……还看重整个消费链条中的便利性和安全性。

这些发现让王宝意识到：把传统的供给侧与需求侧更好地连接，正是危机自救的最好方式。很快，他便想到了破局妙招：创办网上商城，把之前的线下用户转移到线上，继续为他们提供服务。

彼时，云海肴做了菜篮子，向店面周边的用户卖菜，一天可以卖几百单。旺顺阁开通了线上商城预订成品菜，改变了以往传统服务与用户连接渠道。这让王宝坚信：做线上商城在当下看来是最符合市场和顾客需求的，而朗丽兹线上商城依托集团采购平台、会员流量两大核心优势，可以很好地完成供给、需求到现金流的转化。

王宝的想法迅速得到了宏昆高层的一致支持。事实上，朗丽兹很早就开启了新零售业务，发展酒店新零售业务也在集团的未来规划之中。疫情的到来，让"居危思进"的宏昆决定把这项未来的战略提前实施，并任命王宝担任总指挥。

临危受命，王宝迅速带领核心团队投入到朗丽兹线上商城的开发和运作之中。他们将朗丽兹多年积攒的线下私有流量与互联网技术充分结合，仅用短短20天就为酒店开发出了一个"新物种"产品——朗丽兹严选商城。

作为五星级酒店的掌舵人，王宝对品质有着极高的要求，一直以"致力创造美好新生活"为初心。因此，在朗丽兹严选商城上线后，王宝赋予了它新的使命：以五星级酒店品质标准，重新定义中国人的生活起居，让中国家庭过上高品质生活。

为了让朗丽兹严选商城更好地完成自己的使命，担负起朗丽兹危机自救的责任，王宝还在朗丽兹特别成立了一个"特战部队"——新零售事业部，设定了产品组、营销组、直播组、运输组，搭建了完善的组织架构体系，带领团队一起去成长、去赋能、去挑战新的事业。

著名管理学者陈春花老师在其新书《危机自救：企业逆境生存之道》中提到："疫情下的不确定性会持续发生，所以我们所需要的，不仅是直面它的勇气，更需要有认知它的能力，有与它共处的能力。如何做到这一点？核心是改变自己。"当大部分人每天还在关注疫情走向，寄希望于疫情结束后迎来增长时，王宝已经带领朗丽兹走上了积极自救的道路，完成了在逆境中破局这一大步。

所谓天下武功唯快不破，在商业的世界里，只有抢占先机方能占得商机，这是亘古不变的商业哲学。而王宝，显然正是那个抢占了先机并占得了商机的弄潮儿。

2. 深挖用户需求，创造用户

当朗丽兹严选商城上线，自救通道打通后，王宝和朗丽兹的团队又不得不面对另一个更严峻、更实际的问题：如何引流？如何获得更多用户？如何让线上商城运转起来，实现效益最大化？

在酒店行业扎根多年的王宝十分清楚，"王婆卖瓜自卖自夸"的时代已经过去了，在新零售时代，与其吆喝着让顾客买单，不如刺激新的消费需求，创造用户。为此，朗丽兹严选商城从新消费场景、新技术、新资源、新利益几个维度，对市场及用户需求进行了全面的剖析及满足（如图 7-2 所示）。

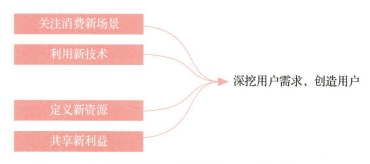

图 7-2　朗丽兹严选商城深挖用户需求、创造用户的 4 个维度

（1）关注消费新场景。

消费场景在产生变化，酒店业、餐饮业要时刻关注新场景和消费习惯的变化。当消费场景产生变化的时候，企业一定要根据新的消费场景去设计产品，并满足消费者。

当时，朗丽兹严选商城的产品部在进行数据调研时，发现疫情期间大家待在家里时最害怕的是长肉，但在怕长肉的同时，又有品尝美食的想法和需求。于是，从用户既想品尝美食，又不想长肉的需求点出发，朗丽兹严选商城特别推出一款来自于泰国的香虾。这款虾肉质 Q 弹、口感饱满、色泽鲜艳，之前在朗丽兹的自助餐厅和宴会上都是好评如潮。

由于关注了新的消费场景，深挖了用户需求，作为朗丽兹严选商城上线的第一款产品，这款虾一上线便卖爆了。

（2）利用新技术。

王宝认为，如今新的平台越来越多，传播的形式也越来越多。传播方式在改变，物流方式也在改变，物流配送范围更广，冷链配送越来越成熟，快递的费用也越来越低……这些改变都会带来一些新的变化，而如何跟上时代的新变化，是否懂得利用新技术则是企业破局的关键。

朗丽兹严选商城上线后，为了调动员工积极性，王宝亲自上阵，在直播平台上进行带货直播，员工通过自媒体成为网络销售员，在 QQ 空间、微信群、抖音等渠道进行销售，许多人也纷纷加入到短视频、直播推广中来……每天晚上 12 点各部门要进行复盘视频会议，从销售技巧、复购率、配送、售后等各个环节，提出问题并做出改善。每天对产品销量进行分析,时刻保持商城产品与用户需求高度贴合。

这些举措,对于朗丽兹严选商城的正常运转和成功"出圈"都起到了至关重要的作用。

(3)定义新资源。

定义新资源主要体现在三个维度。

首先,企业要重新定义与员工之间关系。朗丽兹严选商城上线后,采用了全员分销制。这种制度实际上是将员工变成了真正的合伙人,让每一个员工的价值都通过互联网新技术得到了充分释放。

其次,企业要重新定义与供应商之间的关系。朗丽兹严选商城上线前,企业与供应商之间是买货和卖货的关系;朗丽兹严选商城上线后,两者之间的关系则变成了搭档,双方要共同整合资源,为消费者提供泰国香虾、丽兹主食厨房、78元吃6种海鲜的礼盒装爆款产品。

最后,商城要重新定义企业与用户的关系。朗丽兹严选商城上线前,企业与用户之间是商家与消费者的关系;朗丽兹严选商城上线后,商城的许多用户因为产品及服务而变成了企业商品的分享者,甚至是分销者。

(4)共享新利益。

关于共享新利益,朗丽兹严选商城充分考虑了用户、员工、供应商、股东 4 个群体，弄清楚了 3 个关键问题：企业对用户是不是友好？员工和股东能够获得什么价值？供应商在商城中能够获得什么样的利益？当企业与这四类人的关系变得更像朋友时，企业的发展就有了有力保障。

比如，在疫情期间，朗丽兹严选商城里的所有防疫物资，如消毒液、免洗洗手液、口罩等用品从上线至今全部实行进货价出售。价格 135 元 90 枚的"森之卵"鸡蛋是商城的网红款商品，疫情期间因为物流原因导致无法及时发货，线上订单积压几百箱……为表歉意，到货后王宝亲自带领高管专车运送，确保用户不拿到一颗"坏蛋"。有的用户因朗丽兹严选商城的服务而感动，发朋友圈表达感谢。这便是朗丽兹严选商城与用户共享新利益的具体表现，以及由此带来的良好效果。

朗丽兹严选商城上线后，很快就度过了磨合期，各项工作也逐步渐入佳境，从少到多，由点到面，商品数量及品类也逐步覆盖全面。

今天，再次分析朗丽兹在疫情期间所选择的这条"战疫"自救路线，我们会发现，朗丽兹严选商城的上线给朗丽兹带来了三大积极影响，如图 7-3 所示。

一是带来了更多的新业务增长点：在疫情之前，朗丽兹酒店的老业务是第一增长曲线，而当第一增长曲线在危机中停滞不前时,朗丽兹严选商城这种酒店新零售商业模式让朗丽兹成功找到了增长的第二曲线,渡过了难关。

图7-3 朗丽兹严选商城给朗丽兹带来的三大积极影响

二是增强了用户黏性:通过打通线上线下,用户的参与感更强了,企业和用户的关系更好了,进而有效地增强了用户黏性,用户的净推荐值也变得更高了。

三是整合了供应商资源,降低了经营成本:当酒店和新零售进行商业结合时,就产生了一个超级物种——酒店新零售。这个超级物种的产生,极大地整合了供应商资源,降低了经营成本。

当危机出现的时候,也意味着企业一定会有新的机遇。"山就在那边,山不过来,我们可以过去。"这是王宝信奉的人生哲学。正是凭借着这套人生哲学,凭借着深埋在宏昆人骨子里的"居危思进"和理智冷静,凭借着强大的朗丽兹凝聚力,在那场突如其来的新冠肺炎疫情中,朗丽兹打了一场漂亮的"战疫"自救翻身仗,不仅没有因为疫情而停滞不前,反而迎来了新的增长高峰。

痴迷用户,以用户为中心

没有一个冬天不可逾越,没有一个春天不会来临。2020年上半年,随着全国各地开始有序复工,随着人们的生活逐渐迈入正轨,酒店行业也终于迎来了复苏。

然而,在经历了一场没有硝烟的艰难"战疫"后,留给酒店行业的是一片狼藉:万豪集团Q2净利9年来首次出现亏损;凯悦酒店集团Q2总收入跌幅超80%;雅高Q2整体RevPAR(每间可卖房收入)下降了88.2%,上半年下降了59%;温德姆Q2全球可比RevPAR下滑54%,大中华区下滑48%;金茂上半年经营收入同比下降62%;华住Q2可比RevPAR下降40.8%,Q1下降52.8%……这些触目惊心的数字,讲述着这样一个事实:疫情加剧了酒店行业面临的不确定性,让酒店行业的发展陷入了困局。

关于这次疫情对酒店行业的影响,王宝将其分成了四个阶段,如图7-4所示。

面对愈发纷繁复杂的挑战,酒店要如何应对?

图 7-4 疫情对酒店行业的影响的四个阶段

朗丽兹给出的答案是"痴迷用户",要积极探索用户需求,始终坚持用户第一,以用户为中心,一切体系的搭建从用户的需求出发。

结合多年的从业经验,王宝认为,酒店行业的用户主要具有四大特点(如图 7-5 所示):

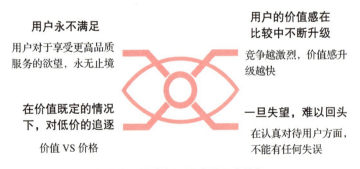

图 7-5 酒店行业用户的四大特征

首先，用户永不满足，他们对于更高品质服务的需求是永无止境的。

其次，用户的价值感通常会在比较中不断升级，市场竞争越激烈，用户的价值感升级往往越快。

再次，在价值既定的情况下，用户往往会追求低价，这是由人类的天性决定的。它意味着，当一个企业做出来的产品又贵又好时，该产品不一定会有市场，但如果一个企业做出了又好又便宜的产品，这个产品一定会成为爆品。

最后，用户一旦失望，往往难以回头。这意味着，在认真对待用户方面，企业不能有任何失误。

基于以上四点，扎根酒店行业多年的王宝坚定地认为：不管外部环境如何变化，不管竞争如何激烈，用户永远是企业价值的原点。越是难越要有爱，在市场低迷的现状下，痴迷用户，从用户的角度出发，优化产品、优化服务、优化经营和管理策略，正是朗丽兹破局的核心和最终落脚点。

那么，掌握了破局精髓的朗丽兹又是如何将理论变为实践的呢？归纳起来，朗丽兹痴迷用户的做法大致可以分为三个步骤，如图 7-6 所示。

图 7-6　朗丽兹痴迷用户的三个步骤

1. 数据分析、驱动

在王宝看来,发现某个用户的单个需求点是容易的,针对用户的单个需求点创造或更新某个产品或服务同样是容易的,但如何把创造或更新的单个产品延展成产品线,甚至是扩展成产品面却并不容易,这涉及市场需求强弱和规模的判断、投入产出的核算,以及机会成本和收益的考量等诸多问题。那么,要想科学地把单个产品延展成产品线和产品面,就需要进行精准的数据分析,用数据和事实说话。

通过对比往年的营销数据,王宝发现,在朗丽兹的用户中,女性用户占到了 30%~80% 的比例。除了朗丽兹内部数据证实了女性用户在朗丽兹占比较高外,通过统计、分析酒店行业的公开数据,王宝还发现,女士差旅在全球商务出行中呈上升趋势。

从这两组客观、真实的数据出发,王宝决定将朗丽兹的用户升维对象确定为女性。

2. 明确需求、目的

王宝认为,对于企业而言,数据就像一座金矿,对企业至关重要。毋庸置疑的是,对于淘金者而言,在金矿中挖到的矿石并不是真正意义上的金块,要想让矿石变成金块,还必须对矿石进行提炼。

同样的道理,仅仅掌握了数据并不能对用户升维产生实际的作用,要想帮助企业找到实际可行的升维路径,还必须对掌握的数据进行客观、准确的分析。

通过分析,王宝发现大部分女性在入住酒店时,往往有四大需求:安全、细节、美食和放松,如图7-7所示。

图7-7 女性用户入住酒店的四大需求

3. 创新产品、服务

挖掘出了用户的实际需求，也就等于找到了用户升维的关键命脉。基于上述提到的女性入住酒店的四大需求，王宝决定对朗丽兹的产品和服务进行升级，打造别具一格的"女士首选客房"，推出一系列女性专属房间内的专属产品，以俘获女性用户的芳心。

归纳起来，朗丽兹"女士首选客房"的特别之处主要体现在五个方面，如图 7-8 所示。

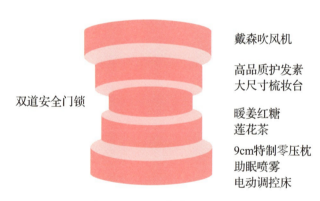

图 7-8 朗丽兹"女士首选客房"的特别之处

首先，针对女性用户的安全需求，朗丽兹"女士首选客房"特别突出了双道安全门锁，通过实际可靠的安全措施，确保女性的安全。

其次，针对女性用户的细节需求，朗丽兹将深受女性喜爱、能快速吹干头发且不损伤发质的戴森吹风机列为酒店标配，尽力为女性用户打造更高品质的生活。除此之外，朗丽兹还专门为女性用户配置了高品质的护发素、大尺寸梳妆台，从这个特别的举动中，足以看出朗丽兹对女性用户的用心。

再次，针对女性用户的美食需求，朗丽兹调整了房间配比，把之前提供的茶、咖啡等用户几乎不用的东西，换成了深受女性喜爱的红糖姜茶和专门为女性用户量身打造的、有助于女性健康也兼具美容养颜功效的莲花茶。除此之外，朗丽兹还周到地为女性用户提供和莲花茶配套的汉式泡茶容器，想方设法增强用户的体验感和喝茶情调。

其次，针对女性用户的放松需求，朗丽兹专门为女性用户配置了9cm特制零压枕、助眠喷雾和电动调控床。如今，手机几乎成了人类的生活必需品。几乎人人都有睡前玩手机和醒后看手机的习惯，而躺在床上玩手机不仅不舒服，还对脊椎损害很大，朗丽兹9cm特制零压枕和电动调控床，刚好解决了这一问题。

最后，朗丽兹还充分发挥了朗丽兹严选商城的作用，把客房与酒店的新零售充分结合，当女性用户有入住需求时，只需要在朗丽兹严选商城一键订购就可以享受最优惠的价格折扣。此外，女性用户在朗丽兹所能享受的暖姜红茶、护发素等产品,都能在朗丽兹严选商城上购买。

这种"客房+电商"的新模式,一方面能够让利于会员,为用户提供全网最低的酒店入住价格;另一方面也能提升用户体验和黏性。最重要的是,它还能不断迭代用户体验,引领用户消费,为朗丽兹提供新的利润增长点,可谓一举多得。如图7-9所示。

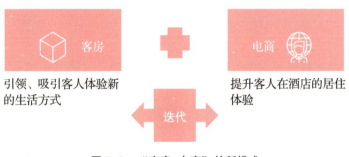

图7-9 "客房+电商"的新模式

应该说,正是得益于痴迷用户,得益于通过精准数据分析深度掌握女性用户的真实需求,得益于敢于创新产品和服务,"女士首选客房"推出后,迅速受到了女性差旅者的青睐和喜爱。

数据显示,2020年7月,朗丽兹"女士首选客房"入住率达到了93%,而酒店总入住率达到了68%,每房收入市场指数(RGI)高达129.7;2020年8月,朗丽兹"女士首选客房"入住率再创新高,达到了94%,而酒店总入住率上升至 71%，每房收入市场指数上升至 137.2，如图 7-10 所示。

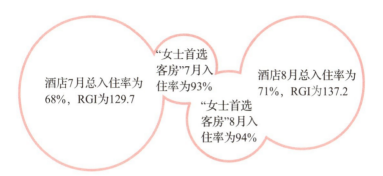

图 7-10　朗丽兹 2020 年 7 月、8 月经营数据

由此可见，凭借痴迷用户，凭借创新推出的"女士首选客房"，朗丽兹成功破局，实现了逆风翻盘。

王宝坚信：未来局势愈发无常，快速破局是各行各业需要面对的共同挑战。历数全球住宿行业经受过的重大冲击，包括经济危机、气象灾害、重大疫情等，无一可以准确预测，但存活下来的企业无一不用心在痴迷用户这一点上。这也是各行各业快速破局的原点。

迈入崭新的 2021 年，尽管局势依然不乐观、不明朗，但王宝对未来却信心十足，而他的信心，正是源于朗丽兹对抗危机的法宝——用户升维。

于明山

第八章

使命升维,
升维的最高境界
是人的升维

一眼望见伫立于街头的"美道家智能美容馆"(以下简称美道家),你或许感受不到它的独特;当你慢慢走近它,用心感受它,它的美好便会一点点展现出来:明媚的粉色标识,温馨的内饰布置,整洁的店铺环境……更重要的是,在这里,你可以享受"两线三美"的专业服务。

"两线"是指集"线上+线下"与"产品+服务"为一体;"三美"是指专业、优质的美妆、美容、医美。"两线三美"一站式新零售美店的摸索者、缔造者和实践者,正是扎根美业27载,有着丰富线下零售店经营经验且最早带领线下传统美容店步入O2O[一]赛道的于明山。

回顾于明山的创业历史,一定绕不开"美"字。

17岁进入行业,扎根一线,从最基础的化妆品店柜员

[一] O2O 是 Online To Offline 的缩写,是指将线下的商务机会与互联网结合,让互联网成为线下交易的平台。

做起，完成了从学校到职场的升维。

18岁创业，从上门推销开始，历经千辛万苦，创立了自己的美妆连锁店，开创了"美妆1+1"模式，在美业行业占据了一席之地，完成了第一次使命升维。

37岁潇洒转身，卓有远见地拥抱互联网，拥抱智能化，创办了打通线上线下，致力于将最专业的美容服务以最便捷的方式带给消费者的O2O新模式，为传统美业转型升级提供了新的思路和新的选择，完成了第二次使命升维。

两年后，审时度势做出新的战略规划调整，带领"美道家"向"美业新零售"方向转型，致力于打造同城一站式变美供给赋能平台，助力传统美业门店转型升级，完成了第三次使命升维。

如果要用一个词来形容于明山的升维底色，这个词便是与时俱进——无论是转型O2O，还是打造同城一站式变美供给赋能平台，高瞻远瞩的他始终走在时代最前沿，奋力拥抱新风口、新赛道、新未来。

使命升维1.0：
从站柜台到创业，为美好生活而奋斗

"要学会感激生活中的磨难，任何苦难中都蕴藏着丰富的人生财富。"追忆过去,于明山把这句话作为了开场白。

或许,这句充满哲理、能瞬间给人力量的话,正是于明山丰满人生的写照。

1977年,于明山出生在吉林市永吉县缸窑镇一个普通矿工家庭。在那个年代,靠父亲一人工资养育三个孩子的于家日子过得捉襟见肘。为了补贴家用,每到寒假,三个孩子便在母亲的带领下到父亲工作的煤矿捡些小煤渣取暖。冬天的吉林,呼啸的北风排山倒海地灌进脖子里,冷得刺骨。

这是于明山对童年最深的印象。生活的艰辛让于明山从小便立志要通过自己的努力改变命运,改善家人的生活。

1994年,刚满17岁的于明山决定辍学到父亲的矿上当装卸工挣钱养家。望着身体单薄的于明山,母亲心疼得直掉眼泪,她对于明山说:"去吉林市找你小姨吧,总比待在矿上强。"

就这样,尚显稚嫩的于明山背着简单的行囊,离开家乡,投奔了远在吉林市经营化妆品批发店的小姨,并且一头扎进了美妆行业,这一扎就是27年。

彼时,于明山的小姨经营着一家化妆品批发店。随着生活水平的不断提升,人们对美的追求日益强烈,与美相关的行业,比如美妆、护肤等逐渐流行。

第八章　于明山
使命升维，升维的最高境界是人的升维

由于赶上了风口，小姨的生意异常火爆。刚到店里时，于明山什么也不懂，那些叫不上名字的"瓶瓶袋袋"令他头疼不已。最开始，于明山主要负责装车卸货，上百斤的货物一箱箱压在于明山瘦弱的肩头，常常压得他浑身酸痛。

但于明山从不叫苦。

有一次，小姨安排于明山去仓库取一小瓶飘柔洗发水，对货品一窍不通的他却拿成了大瓶。小姨十分生气，狠狠地数落了他几句。于明山低着头，内心翻江倒海。从那时起，他就在心里暗暗发誓：一定要出人头地，不能让人瞧不起。

为了尽快熟悉业务，白天工作时，于明山悄悄把接触过的商品名称、规格、价格、存放点等信息记在一个小本子上，到了晚上就躺在床上默记。天道酬勤，三个月后，他就成了店里"最记事"的人，货物放在哪里、多少钱等问题，往往售货员还没反应过来，他就脱口而出了。

凭借这样的实力，他从装卸工转到了柜台，开始卖货。

"口红一哥"李佳琦曾在直播中分享过自己以前做欧莱雅柜员的日子，他感慨道：不被人理解是常态。在社会更包容、更开放的今天，站柜台的男孩尚且面临这么大压力，可想而知，二十多年前就开始站柜台的于明山面临着多大的压力。

刚开始站柜台时，于明山觉得特别别扭。尤其在面对女顾客时，他总是不好意思，多说一句话都脸红，往往顾客问什么就答什么。有一次，店里来了一位特别挑剔的女顾客，由于女顾客的问题特别多，其他人都不愿意接待，于明山便硬着头皮迎了上去。没想到，顾客对于对答如流的于明山非常满意，不仅痛快下单买了一整套护肤品，还成了于明山的常客。

顾客的信任和认可给了于明山信心。从那时候起，他变得开朗、自在。由于肯学、肯干，加之人又踏实聪明，于明山的业绩不断上升，积累了一批老顾客，很快就成为店里的"销售明星"。

"能力不足的时候，就用最笨的方法学习，没有捷径可走，你付出的时间和收获一定是成正比的。"如今，于明山早已不是当初的"站柜男孩"，开了公司、有了团队的他，常常用自己的打工经历鼓励员工。提起那段短暂而难忘的日子，于明山并不觉得苦，相反，他觉得这是他多彩生活中最初的甜。它早早教会了匆忙踏入社会的他认真和勤奋，为他刚刚起飞的人生涂上了绚烂而纯粹的底色。

1995 年，经过短短一年的历练后，于明山成了小姨店里最出色的销售员。和时间、能力一起增长的，还有于明山的野心。"野心不一定是坏事，它能激励你往更高的目标

第八章　于明山

使命升维，升维的最高境界是人的升维

去努力。"谈起创业的初衷，于明山如是说。

当时的于明山每个月工资只有 150 元，留下勉强糊口的生活费后，他把大部分钱都寄给了母亲。可即便如此，家里依然捉襟见肘。于明山是苦大的孩子，他忍痛中断学业的目的就是为了挣钱养家，让家人过上更好的生活。然而，靠打工挣钱的速度实在太慢了。现实的压力和一天天清晰的理想让于明山产生了一个大胆的想法——辞职，创业，自己做老板。

那一年，于明山刚刚 18 岁，年轻稚嫩的他被自己脑海中蹦出的念头吓了一跳，而当这个念头变成一团火在心里越烧越旺时，于明山便坚定了创业的决心。他意识到，或许创业才是自己一生的志向和使命。此后二十多年间，他在这条路上越走越远，每一步都踏实、果敢、掷地有声。

很快，他辞掉了站柜台的工作，并从工作时结识的化妆品批发商处赊了一些货，开始了创业生涯。

"真是初生牛犊不怕虎，那时候一没人脉，二没经验，全凭一腔创业的热情。可如果没有当时的勇敢，又哪有今天的我呢？"时至今日，于明山依然很感谢自己当年的勇敢和果断。这种敢想敢干、敢拼敢闯的劲头，也成为镌刻在于明山骨子里的特质，让他在漫长的创业历程中完成了一次又一次升维。

一开始并不顺利。第一天上门推销，他在一家汽车配件商店的门前徘徊了足足有两个小时，最后硬着头皮敲开了人家的门。进去后大脑一片空白，不知道该说什么，也不知道说了些什么，最后连自己怎么走出来的都不知道，更别提推销产品了。刚开始的几天，他面对的几乎是百分之百的拒绝和失败，甚至有的人把他当流浪汉一样往外撵。但是创业的信念一直支撑着他，让他在一次次的被拒绝和失败中挺了过来。

那年夏天，他给自己定下一个规矩：不推销出去产品就决不吃饭。有一次，天已经很黑了，可是他连一份产品都没推销出去，一天滴水未进。当走到光华路附近的时候，又累又饿的他一不小心掉进了半掩着的下水井里，幸好井不深。躺在泥水里，于明山的眼泪禁不住哗哗地流出，心里的委屈比身上的伤更疼。

那一年的冬天格外冷。为了省钱，于明山以每月50元的价格，在江南建华村租了一间仓库住。仓库没有取暖设备，墙上总是挂着白霜。每天夜里冻醒几次是常事，早晨起来，窗边脸盆里的水都冻成冰坨了。有一天下大雪，他去一个单位推销天津产的一种洗发精，每瓶18元。因为便宜，他们认为这是假货并拒绝了他。情急之下，于明山看见旁边有个水池子，便打开水龙头用洗发精当场洗起来。

第八章　于明山
使命升维，升维的最高境界是人的升维

冰冷的水冻得他浑身发抖，头皮发麻，头发也一根根竖了起来。他一边擦着流进脖子里的凉水，一边激动地说："你们不买没关系，但是你们不能说我的东西是假的。"他的真诚感动了大家，周围几乎每个人都买了一瓶。也就是那一次，他成长了，真正成为一名优秀的推销员。

于明山做了几个月的推销工作后，觉得这样发展太慢，于是他开始琢磨怎样扩大推销的规模。当时他找到一些儿时的伙伴、同学，再加上在吉林市认识的朋友，还是由他先赊来货，然后由大家去卖，他从中间赚差价。

有一天，于明山到江南师范学院分院去看一位老乡，从老乡那里了解到一些来自农村的大学生很为学费为难。当时他就想，不如把这些学生组织起来，让他们利用节假日和休息时间去推销，这样既能解决他们的生活困难问题，自己也能挣到钱。后来，越来越多的大学生加入他的团队，开始推销化妆品，他们不再为学费、生活费担心。于明山也带领他的大学生团队赚到了人生第一桶金。

1997年，于明山在朝鲜族百货大楼租了两节柜台，当时的国营商场要求必须明码标价，不允许讨价还价，顾客也比较分散，经营效果起初并不是很好。怎样把分散的顾客聚到自己的身边呢？他反复地琢磨，终于想出了"储蓄式销售专柜"的主意，即顾客每购买一件商品，就会获得相应的分值,当分值累积到一定程度,购物就会得到相应的优惠。这个方法放到现在看已经很普遍了,但在当时却很受欢迎,他的营业额开始直线上升。

1999年11月,于明山在天津街开了一家规模较大的化妆品专卖店。刚开业时,经营效益并没有想象中那样好,连续亏损了三个月。面对亲朋好友的埋怨和指责,他并没有灰心丧气。他始终认为自己的经营方式和理念没有错,只是这家店的商品质量和信誉度还未被顾客所了解。只要加大宣传力度,进一步扩大经营规模,同时保证物美价廉,就不愁打不开销路。

于是春节一过,他就把旁边的店面也租了下来,进一步扩大经营规模,并且印了一万份宣传单,组织员工在春节期间到各大路口发放。与众不同的是,他的宣传单上承诺"产品绝无假货,假一赔百",并推出了持此广告可免费获得一份染发剂的促销活动。当时还没有人进行这种大规模的赠送,不管你买不买东西,只要拿着广告进店就送价值3元左右的染发剂。那时候,发传单广告的商家也有不少,但是做出凭着广告免费领奖承诺的商家在吉林市还真不多见。顾客对赠送活动很感兴趣,店里一下子门庭若市。虽然赠送活动花了一万多元,但是人们对这家店有了新的认识和了解。专卖店的营业额相比春节前增加了三倍。

第八章　于明山
使命升维，升维的最高境界是人的升维

"把自己面前的横竿每天清晨提高一节，那么我们就离成功近了一点。"这是于明山的座右铭。

当化妆品专柜生意正红火时，他不顾家人和朋友的反对，突然做出决定，把几处效益最好的销售专柜兑了出去，他说："柜台销售的利润额度和发展空间都是有限的，要想把事业做大做强，必须打造属于自己的经营品牌、经营观念、经营方式，必须与时俱进。"由推销到销售专柜，由专柜到专卖店，一行清晰的足迹印证着他的追求。当专卖店获得成功后，他又把目光瞄准了美容行业。他认为，人们买化妆品就是为了美容，如果再指导他们如何使用，用美来装饰生活，人们的生活将更美好。

于是在2000年12月，他在商业旺地大东门开设了化妆品销售与美容护理相结合的"长风大东门店"，开创了"美妆1+1"模式。2001年"长风大东门店"开业，2002年"长风河南街店"开业。同年，长风美容美体培训学校成立。2004年他连续有3个"长风"店相继开业，通过"长风"品牌的不断复制，"长风"在吉林市化妆品市场占有了一席之地。经过十几年的发展，他的业务拓展到五省十余个城市，凭借质量高、信誉佳、服务好，"长风"品牌得到了越来越多的顾客信赖。

使命升维 2.0：
布局"美道家"，重新定义美业

随着时代的发展和科技的进步，互联网和电子商务异军突起，人们的消费方式和生活方式都发生了天翻地覆的变化。电商的呼啸而来及其如火如荼在给中国经济带来新可能的同时，也给了传统行业"当头一棒"。

于明山也是"挨棒者"之一。

1995 年创业，1996 年创立美妆连锁店，2000 年开创"美妆 1+1"模式……深耕传统美业近 20 年的于明山遭遇了前所未有的增长瓶颈。"2013 年之前，开一家美容院 6 个月就可以收回投资，老店的业绩也能够健康增长；2013 年之后，投资回报周期开始变长，10 个月，甚至一年都收不回投资，老店的业绩增长也开始放缓。"于明山回忆说。

这种增长瓶颈让于明山陷入了沉思。"是我们做得不如以前好了吗？是我们没有以前努力了吗？"他开始千百次地追问自己。

多年的创业历程让于明山养成了学习和思考的习惯。他善于取经，懂得吸收各种先进的管理理念、管理方法和实操经验，然后化为己有。这一方面强化了他的企业管理能力，另一方面也让他具备了非凡的行业洞察力和商业敏锐度。

当时，于明山刚刚参加完行动教育第 1 期"倍增路径"课程的培训。于明山是行动教育的"老朋友"，早在 2007 年他就走进了行动教育的"赢利模式"课堂，此后的数年间，他把这门课反反复复复学了 15 次。

这次学习让于明山有了新的感悟。通过在课堂上和来自全国各地的学员们交流，于明山发现：遇到同样发展瓶颈的不仅是"长风"，还包括所有沿用传统发展模式的企业；遭遇发展瓶颈的原因不是它们不够努力、做得不好，而是时代变了，赛道变了，潮流和趋势变了。

他意识到：通过付出更多努力、投入更多资金、开更多店去打破增长僵局并不现实；要想破局，必先入局，主动拥抱电商，用手机和移动互联网改变传统美业，连接充满无限可能的行业未来；依靠改革和创新，把电商冲击所带来的行业波动变成发展机遇。

事实证明，于明山的判断是准确的。

2010 年，智能手机横空出世；2012 年左右，智能手机开始普及，由此掀起了"互联网+"的浪潮。在移动互联网和消费升级的双重驱动下，区别于传统线下获客的在线医美创业公司开始爆发，新氧、更美、悦美等一批互联网医美平台强势布局并迅速发展壮大，逐渐成为医美产业链的枢纽环节。2019年5月2日，新氧在美国纳斯达克成功上市，成为中国"互联网医美第一股"。

这意味着，当时的传统美业已经走到了一个节点，一个亟待改革创新的节点。如果不改变经营方式，不跟上时代的步伐，传统美业的道路将越走越窄。幸运的是，有着敏锐嗅觉的于明山乘上了O2O改革列车，不仅没有被时代甩在身后，还给美业提供了新的发展思路。

2014年年底，于明山组建了团队，筹集了资金，在北京创办了O2O上门美容品牌——"美道家"。这是一种全新的商业模式：用户通过手机直接下单，便可享受专业、优质的上门美容服务。这种"一机对接"的商业模式，实现了美容的便捷化、专业化、标准化和个性化。

于明山把"美道家"的创立形容为自己的"二次创业"。当时，他的举动遭到了许多的质疑和反对。在传统美业依然大行其道的2014年，"上门美容服务"还是一个全新的概念，既没有人尝试过，也没有人验证过，一切都需要摸着石头过河，从0到1去摸索、去尝试、去总结。

有朋友劝他："老于，你一个'70后'的人何必赶'90后'的'时髦'？老老实实地守着自己的'一亩三分地'稳定'收租'不好吗？何必去冒险和烧钱？"

第八章　于明山
使命升维，升维的最高境界是人的升维

"我是'70后'的人，'80后'的貌，'90后'的心，大不了从头再来嘛。"于明山笑着回答。

"抱着必胜的决心，完全没想后路，就像18岁裸辞后第一次创业那样。"于明山这样形容当时的创业心情。这次创业，于明山来到了北京中关村。之所以不选择熟悉的吉林而选择北京，他给了自己两个理由：一是，北京中关村拥有中国最好的互联网基因；二是，他希望通过这样的方式彻底离开曾经的舒适圈。

这是一次事业的升维，也是一次使命的升维。如果说于明山之前的创业使命是为了给家人带来更好的生活，那么他的这次出发，更多的是带着对行业的深厚情感，希望通过"美道家"的创立，摸索出一条传统美业企业的转型之路。

一切准备就绪后，于明山和团队迅速进入了状态。那是一段艰难而幸福的时光，他们在中关村狭小的办公室里，夜以继日地设计和打磨线上线下产品、探索新的发展可能。每次遇到难题，他们都不眠不休；每次攻克一个难关，他们都像要到了糖果的孩子一样兴奋。

"最长的一次48小时没有合眼。"回忆在北京的创业时光，于明山的眼里闪闪发光。当时，他和伙伴们吃过的泡面桶一排摆开竟有好几米。后来，他再也没吃过泡面。"把

一辈子的泡面都吃完了。"于明山调侃说。

经过几个月的辛苦付出，同时借助深耕美业 20 余载所积累的行业资源，很快，由于明山负责培训的第一批美容师上线了。2015 年 3 月 15 日，"美道家"在广州美博会上举办了第一场新闻发布会，引发了业内外的广泛关注；2015 年 4 月 1 日，首批美容师在北京亮相；2015 年 6 月 12 日，500 名美容师空降上海；几天后的 6 月 15 日，"美道家"在上海市场正式上线……

"用一年的时间，做了以往二十年才能做到的事情。"谈到"美道家"上线后取得的亮眼成绩，于明山这样评价道。仅 2015 年一年，"美道家"就在全国 30 多个城市开设了分公司。

与此同时，"美道家"的新颖模式也引发了一次新的创业浪潮。忽如一夜春风来，从 2014 年年底到 2015 年年初，"上门美容"突然成为一个火爆的创业热点，同类项目不约而同地出现在了人们的视野中。尽管当时大众对于这种项目的评价褒贬不一，且关于这种模式的具体打法（是选择低频还是高频，是快速扑向全国还是稳扎稳打等）并没有统一套路，但"美道家"的确给传统美业转型升级提供了新的思路和新的选择。

从某种程度而言，它重新定义了美业。

第八章 于明山
使命升维，升维的最高境界是人的升维

今天，当我们用更犀利的眼光审视"美道家"新的美业商业模式时，不得不承认，它的确具有前瞻性和科学性。这种打通线上和线下，致力于将最专业的美容服务以最便捷的方式带给消费者的O2O新模式，为美容行业的发展带来了新的理念和新的思路。应该说，它不是对传统美业的宣战，而是以无缝连接用户、厂商、技师、店家和平台的新形式，为企业、美容用户、美容师三大利益方建立了更清晰、更合理的良性循环，如图8-1所示。

图8-1 "美道家"模式带来的良性循环

1. 给消费者带来价值：省时、省钱、省心

过去，消费者的美容体验主要在线下美容机构完成。这意味着，路上往返、预约等待、停车等，进行一次美容体验往往要占用消费者很多时间。出于这个原因，很多消费者虽然办理了会员卡，却很难按计划去美容机构进行体

验和消费。没有系统的护理，自然效果就比较一般。

这也是于明山过去经营连锁美容店时总结出的消费者的痛点之一。

"美道家"的出现很好地解决了这一痛点。当消费者有了美容需求后，只需要在"美道家"平台一键下单，便可预约在线美容师到家或到店进行美容服务，节约了大量时间。与此同时，互联网的连接也省掉了美容服务的中间环节，减少了渠道成本，最大限度地帮助消费者省钱，让消费者能够以更低的价格享受更优质的美容服务。

除了省时、省钱外，这种模式也突出了"省心"。在"美道家"，不论是产品服务信息，还是消费者对美容师服务的评价，都秉承着真实、透明、公开的原则。这在一定程度上，对帮助消费者快速做出消费决策提供了有效帮助。

2. 给美容师带来价值：自由、尊重、成长

"美道家"的梦想之一，是希望带给美容师改变。这种改变主要体现在三个方面。

一是自由。这里所说的自由，既包含时间的相对自由，也包含财物的相对自由。传统美容师的收入结构，是基本工资加上销售提成。这样的收入结构，使得部分美容师更

第八章　于明山
使命升维，升维的最高境界是人的升维

注重向用户推销。而上门美容师的收入和销售无关，不允许销售，只专注于服务。服务好、用户信赖、评价高，就会获得更高的收入，而这个收入远远高于在传统美容院工作时的收入。

二是尊重。"美道家"挑选和培养的美容师，都已有过几年的美容经验，并严格遵循着通过"美道家"系统培训后才能上门服务的原则。她们被称为"美丽天使""美丽顾问"，这种称呼代表的是她们通过专业获得了尊重和肯定。

三是成长。优秀的美容师，可以成长为培训部门的老师，可以带领团队，可以成为合伙人，和平台一起成长，分享平台发展带来的回报。

3. 给企业带来价值：去中间化、低成本、高效率

按照于明山的设想，在中国几万家厂商中，"美道家"会精选最优秀的品牌厂商进行合作。将好的产品纳入"美道家"的体系中，提供给用户。与"美道家"平台合作的厂商，能够获得更多的品牌曝光、用户好评、市场认可，获得更大的销量。去中间化、低成本、高效率，这是一切竞争力的本源。

"上门是方式的改变，不变的是对美容产品和服务的

极致追求,而互联网是手段,它提高了信息的对称性也提高了效率。"于明山对当时的"美道家"做出了这样的总结。

彼时的他,真正的"野心"并不是做简单的互联网美容,而是希望通过"美业+互联网+教育+服务"的模式,通过美业基因的深化和重组,通过不断的创新甚至颠覆,拥抱新时代和新风口,真正推动美业的优化升级和健康、可持续发展。

使命升维 3.0:打造"一站式新零售美店"

创业的本质是创新,只有求新,才能求变;只有求变,才能求发展。从某种程度而言,于明山的"美道家"是成功的,它的确在一定程度上改变了美业,成为当时美业发展的风向标。然而,从 2015 年开始,O2O 创业经历了一个从疯狂到理性再到冷淡的过程,很多 O2O 企业开始感受到资本对于 O2O 行业关注度的改变,感受到了寒意。

"美道家"也未能幸免。

与此同时,由于跑得太快,铺面太大,"美道家"的经营管理问题也逐渐浮出了水面。比如,尽管致力于全面转

第八章 于明山
使命升维，升维的最高境界是人的升维

型，但由于没有经验可以参考借鉴，"美道家"还是用传统模式和传统思维去做互联网业务，运营出现了"水土不服"；很多区域的加盟商或合作伙伴都是传统美业人，根本没有能力驾驭互联网项目……

痛定思痛，于明山决定做出调整。2016年，于明山关掉了很多分公司，开始全面收缩"美道家"的产业布局，并着手谋划转型。谈起当时的战略规划调整，于明山强调："'美道家'是我们要奋斗一生的事业，决不能做投机的事，不能把品牌做臭了。"

从2017年开始，中国互联网电商发展速度放缓，但仍处于高速发展阶段，对实体零售业的冲击仍在持续。随着互联网思维的进一步渗透，"推动线上线下一体化进程，使线上的互联网力量和线下的实体店终端形成真正意义上的合力"的新零售概念，得到了业界的一致认可。实体零售和网络零售逐渐由对抗走向融合。

零售行业转型升级不断深化的现状，也让始终走在时代前沿、思考并观察着国内商业走向的于明山有了新的发展思路。结合过去20多年的线下零售经验，以及过去几年在O2O尝试中积累的方法，他决定放弃O2O业务，带领"美道家"向"美业新零售"方向转型，奋力拥抱新时代、新风口、新赛道。

2018年对于"美道家"而言是具有里程碑意义的一年。这一年,于明山摸索出了"两线三美一站式美店"的商业新模式。

这是于明山的又一次使命升维。他要打造同城一站式变美供给赋能平台,帮助传统线下美店升级为"线上+线下""产品+服务"的"一站式新零售美店",帮助传统美业实体店转型升级,帮助所有美业人升维。在于明山看来,所有的升维都是人的升维,而人的升维就是最高境界的升维。

也是在这一年,于明山走进了行动教育第17期"校长EMBA"的课堂。这一举动为"美道家"日后的转型升维提供了坚实的理论基础和知识支撑。

于明山是中华传统文化的爱好者和推崇者,佛家、道家、儒家、法家、纵横家所传达的一些文化、价值观与智慧都让他受益匪浅。他之所以能够摸索出"两线三美一站式美店"的美业发展新模式,正是受了佛教"苦、集、灭、道"四谛的启发。

运用到商业中,"苦"即行业阵痛;"集"即阵痛产生的原因;"灭"即解决阵痛的方法;"道"即得到的结果。如图8-2所示。

图 8-2 商业世界的"苦、集、灭、道"

1. "苦":行业阵痛

通过对美业进行深入研究,于明山分析总结了美业发展现状,如表 8-1 所示。

表 8-1 美业发展现状

缺客断流	老客到店率下滑,新客不来
微利高本	赚钱越来越难,成本越来越高
发展乏力	口碑下降,复购率降低,难以持续发展
变化太快	美业美妆的创新模式、创新品牌层出不穷

于明山认为,随着新零售时代的到来,美妆店、美容院及医疗美容店都不可避免地遭遇了阵痛,详情如下。

美妆店:受淘宝、京东、社交电商平台的冲击以及名创优品等新零售店的流量分流,美妆店面临的最大挑战是流量断层的挑战。与此同时,选品单一、同质化严重、无法满足用户更深层次需求也成了美妆店必须突破的发展困境。

美容院:线下美容院的发展主要面临三大困境:一是缺乏流量来源;二是用户基数很小;三是在获客方式上,大多数美容院通过推销获客,口碑较差。

医疗美容店:医疗美容店最大的痛点,首先在于成本高昂,盈利难,获客成本高,营销成本一般可占到40%;其次是外聘医生成本高,一个好的医生月薪往往高达20万~30万元;最后是装修成本高,医疗美容店一般选址在繁华地带,并且装修豪华。

总之,美业的阵痛,既是流量之痛、成本之痛,也是效率之痛、发展之痛。

2."集":阵痛产生的原因

中国人讲究"溯本求源"。在找到了美业面临的发展阵痛后,于明山也一直在追问自己:造成美业各细分领域纷纷遭遇发展阵痛的背后原因是什么?

结合自己扎根美业多年的行业经验,以及对未来商业趋势的观察预测,他把原因归结为了四点,如图8-3所示。

图 8-3 美业遭遇阵痛的四大原因

3. "灭":解决阵痛的方法

如何解决这些行业阵痛呢?

深受传统文化熏陶的于明山信奉"以道载商、以商践道"的经营哲学,他认为世间万物都遵循着一定的规律,都要秉承"道"的精神,经商尤其如此。以"道"的规律来指导商业经营,同时通过自己的身体力行,去发现符合"道"中的商业智慧,再通过整理与传播,最终实现和诠释"道通万物""道生万物",这正是于明山对创业的理解。

基于此,他从博大精深的中华传统文化中找到了答案——进行"道""法""器""术"四个层面的全面升维。

"道""法""器""术"出自老子的《道德经》。其中,"道"是指核心思想、核心理念、本质规律;"法"是指以"道"为基础制定的具体方法;"术"是指行为与技巧,即以"道"为原则,做出的反应和选择;"器"则是指工具。在《道德经》中,老子提出了一个重要观点——"以道御术"。因此,"道"是最顶层的思想逻辑,"法""器""术"是底层的具体解决方案。"道"影响"法""器""术","法""器""术"影响"果"。若要理想的"果",必须"道""法""器""术"兼修。如图8-4所示。

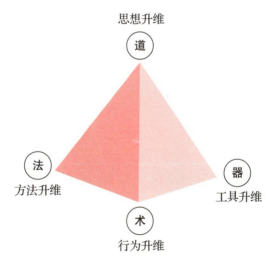

图8-4 解决美业阵痛的"道、法、术、器"

(1)"道":思维升维。

于明山认为,商业的一切都源于人,源于心,源于伟大的企业家精神。要想解决行业问题,带领行业拥抱新的时代,促进整个行业持续、健康发展,首先必须解决人的思维问题。

从美业出发,于明山认为上至企业创始人,下至普通员工,都应该完成以下 12 个维度的思维升维。

用户思维代替卖货思维。任何行业,只想着卖货往往卖不出去货,最好的卖货方式是充分挖掘用户的需求和痛点,找到产品与用户之间的关联,学会与用户共情。

长线思维代替短线思维。长线思维也叫富人思维,它是一种具有长远意识、清晰规划的思维,强调的是一定要在脑海中构建清晰的财富蓝图,不能只图眼前利益。

现金流思维代替利润思维。现金流是企业的血液,正如血没了人也无法生存一样。充足的现金流是企业做更多事、获得更大成功的重要因素。

解决方案思维代替项目思维。用户要的不是某一个产品或某一项服务,而是专业、科学的解决问题的系统方案。

服务思维代替销售思维。用户不仅需要解决问题,也需要被关怀、被关注、被尊重。这些需求的满足,都建立在以提供优质服务为导向的基础上,而不是以利益为导向。

性价比思维代替便宜思维。性价比的重点是在满足用户高质量的需求的前提下,尽可能给用户相对优惠的价格;而便宜思维则只考虑价格优势,不考虑品质。用户往往会为超值买单，但不一定会为便宜买单。

团队思维代替个人思维。1+1>2，团队协作能够激发出团队成员不可思议的潜力，让每个人都发挥出最大的力量。团队工作的成果往往能够超过团队成员个人业绩的总和。

同城思维代替单店思维。单店思维在经营管理上难以实现突破式发展，因此要站在城市思维的角度规划布局，形成同城资源、同城竞争壁垒、同城品牌力、同城低成本策略、同城高效率运营，做"三美"全业态区域冠军。

"三美"思维代替"一美"思维。单一日化零售没有未来，受电商、播商、微商、跨界实体店冲击严重，只有纵向深度垂直发展才能赢得未来。"美妆+美容+医美"——三美闭环一站式变美，更能全方位地满足用户的需求，助力门店提升业绩。

闭环思维代替阶段思维。业务闭环才能"垄断"用户，构建企业竞争壁垒。阶段思维则永远不知道明天将会发生什么，该怎么干。

创业思维代替守业思维。企业创始人要有创业思维，时势造英雄，每个时代都会成就一批人，过去的成功不代表当下和未来也能成功，企业创始人不能沉迷于过去的成功，而应时刻拿出第二次创业的激情与状态。员工也要有创业思维,以打工的心态永远做不好工作,不能主动地创造更多的价值,自然也就不会有好的发展,拿出创业的状态才能成就伟大的事业。

成长思维代替成功思维。每天进步1%,不以成功为目的,但以成长为焦点,不断突破自我才是最大的成功。

这12大思维升维,正是促使于明山做出帮助传统美业店升级为健康美一站式变美便利店,通过八大赋能(模式和理念赋能、品牌赋能、医美赋能、互联网工具赋能、供应链赋能、商学院教育赋能、连锁托管运营赋能、流量赋能)帮助传统美业店快速转型升级决定的关键因素。

(2)"法":方法升维。

思维是指导,是"上层建筑",要想真正实现传统美业的转型升级,光有思维还不够。在此基础上,还要透析美业和新零售的本质,找到高效的实操落地方法,做到方法升维。

于明山认为,实现传统美业转型升级的方法升维应围绕"人、货、场、客、管"五个字进行。

人的升维:一是将导购升级为皮肤顾问,即构建以"皮肤医学"为核心主轴的科学理论体系,推翻原有以"销售"为主轴的不科学护肤逻辑,让导购真正升级成为顾客贴身的皮肤管理顾问；二是将员工升级为股东或合伙人，即根据员工的职务层级、入职年限及能力评估，免费给予其相应的股份，或者支持其投资创业成为门店合伙人；三是将"员工零售模式"升级为"人人零售模式"，即打破对人的定义，强调人人都是销售增长官，不但支持员工做零售，而且也发动顾客、亲友、体验者等一切可以发动的人加入营销阵营。如图 8-5 所示。

图 8-5　人的升维

货的升维：将产品升级为"产品+服务的解决方案"，围绕美好生活做生态布局，打破"千店一面""千店同品"的零售形式，在推出大众化产品的同时，也推广个人私定项目或服务，有效提高产品品效。如图 8-6 所示。

单纯买产品　　　　　　　"产品+服务的解决方案"

图 8-6　货的升维

例如，针对传统美妆零售店，通过赋能，使它们从售卖单一美妆产品升级成为用户提供美容服务及医疗美容解决方案。

场的升维：将传统卖场升级为"零售场+服务场""线下场+线上场""交易场+生活场""传统场+科技场"。场的升维强调的是打破空间限制、消除边界，通过巧妙融合，让用户体验更好。如图 8-7 所示。

传统卖场　　　　　　　升级后的"卖场"

图 8-7　场的升维

例如，通过融合美妆店和美容院的功能，美妆店可以增加美容服务为会员做深度服务，将传统卖场升级为"零售场+服务场"；美容院可以借助美妆店的存量用户资源有效拓新，同时借助高科技仪器化产品满足用户的补水、美白、抗衰等美容护肤需求，将传统卖场升级为"传统场+科技场"。

客的升级：将低频（消费者消费频次低）和低客单价[一]（消费者客单价低）升级为高频（消费者消费频次高）和高客单价（消费者客单价高），通过打破用户结构与消费习惯，解决传统线下美业零售店的获客难题。

例如，原来的日化产品消费者2~3个月才进店1次，而新美店有美容护理和养生调理项目，消费者的消费频次将提高到5~7天进店1次；原来的线下美妆店消费者的客单价在500~800元，而升级后的美妆店还兼做美容和养生调理，用户消费一次的客单价可提升至2000元以上。

"管"的升级："管"是指管理，从传统管理升级为"5在线"管理（"5在线"是指员工在线+用户在线+管理在线+品项在线+数据在线），旨在打破管理局限，实现数据在线，算法驱动，实时管控。

总之，"人、货、场、客、管"永远是零售的本质，无论时代如何变化，围绕这五个字做升级永远不会出错。

[一] 客单价即平均单价。

(3)"术":行为升维。

有了思维的指引和方法的支撑后,传统美业转型升级的核心还是要落实到线下美业店的行为升维上。

于明山认为,行为升维主要体现在三个维度,如图 8-8 所示。

图 8-8 行为升维

如何实现术的升维呢?答案很简单:进行器的升维。

(4)"器":工具升维。

器的升维即工具的升维。

于明山将工具升维分为两类:一是销售渠道的升维,即打通"线上+线下"双轨驱动销售渠道,满足用户不同的消费习惯;二是美店的升维,将"美妆店+美容店+医美店"三合为一。如图 8-9 所示。

图 8-9 器的升维

4."道":得到的结果

通过实现"道、法、术、器"四个层面的升维,"美道家"最终升级为一家集美妆连锁、美容连锁、医美连锁、商学院教育、互联网公司、供应链公司于一体的美容全产业链集团,在供应链、运营、销售等多方面构筑了强大的竞争壁垒,既顺应了时代的发展趋势,也凸显了美业独特的竞争优势。

这是"美道家"自身的收获。

与此同时,通过打造"两线三美"一站式美店和同城一站式变美供给赋能平台,"美道家"给了深陷发展困境的线下实体美店新的希望,帮助它们找到了新的发展路径,实现了转型升级,拥抱了新的发展风口,给整个美业带来了新的发展思路和发展活力。

这是"美道家"对行业的贡献。

"过去,我以自己开店为目的。现在,我要从自己开店升级为帮助行业同仁,拥抱产业互联网,拥抱下一个产业周期,拥抱一个更加美好的未来。"谈到做"美道家"的初衷,于明山豪情万丈。运用新的模式,开辟新的赛道,打造新的蓝海,拥抱新的机会,迎接美业新的未来,这是于明山的理想,也是他又一次使命的升维。

如今,"美道家"已经启动了包括吉林、洛阳、淮安、滨海、丹东、赤峰、阜阳、唐山在内的 8 个样板城市,开设了 700 家一站式会员制服务体验型社区新美店(如图 8-10 所示)。跑通了闭环后,下一步就是高效复制。

图 8-10 "美道家"启动样板城市

对于未来,于明山信心百倍。他认为,在经历了漫长的"野蛮丛生"后,今天的美业已经迎来了属于自己的黄金十年。美业最大的优势在于,消费群体主要是女性,而且以中产女性和中产以上女性为主。值得注意的是，女性也是家庭消费决策的主要掌控者。

他的"野心"是，在未来的几年里要实现"同城百店，十城千店，百城万店，千城十万店"的战略升维，帮助 10 万家线下实体美店转型升级，帮助亿万用户实现健康美，帮助千万美业人收获幸福的生活和工作，引领中华美业健康规范发展。

众人皆美方为美。致敬心怀大业的企业家，致敬拥抱时代的英雄。

徐潇

第九章

愿景升维,
从中国互联网钻石
第一人到『点灯人』

12月的伊犁骤雪初霁,刺穿云块的阳光像温暖的金线,把浅灰、蓝灰的云朵缝缀成美丽的图案。母亲坐在沙发一侧,柔声问道:"想清楚了吗?"一双儿女正襟危坐,肯定地点了点头。母亲笑了,连说话的声音都是淡淡的:"那就这么决定吧。"

多年以后,当别人眼中功成名就的徐潇再次回忆起自己的少年时代时,她的脑海里总是浮现出发生在新疆老房子里的这一幕。那是徐潇在伊犁的最后一个冬天,不久后,她和母亲一起在冰雪消融的季节回到了热闹陌生的上海。徐潇说,她永远忘不掉母亲当年淡淡的表情,直到长大成人,有了自己的事业,做了妈妈后,她才明白那淡淡的表情背后凝结的坚定、沉重和勇气。

她整个人生轨迹的改变,正是从母亲淡淡的承诺中开始的。

在未来的30年里,她走出了新疆,走到了繁华的上

第九章 徐潇
愿景升维,从中国互联网钻石第一人到"点灯人"

海,完成了愿景升维;

从一个兼职的 eBay 卖家,成长为缔造钻石王国的企业家,完成了角色的升维。

从一心想要获得商业成功、为父母提供好的生活、证明自身价值的"追光者",成长为立志影响更多人、成就更多人、和更多人一起创造商业成功的"点灯人",完成了使命的升维。

如果一定要用一个词来概括徐潇的升维底色,这个词便是"极致":

18 年间,她凭借极致的品质和极致的用户体验,为"钻石小鸟"插上了腾飞的翅膀。

3 年间,她凭借极致的育人精神,为"钻石小鸟"培养了极致的团队。

如今,她又要凭借极致的使命感,让更多人成为主角,被世界"看见"。

意识升维:
要小城市的安逸,还是去大城市奋斗

徐潇出生在磅礴、苍凉的伊犁,父母都是支边的上海知青,这种奇妙的组合决定了她和哥哥徐磊性格里既有西北的豁达,又有南方的细腻。小时候,徐潇和哥哥都喜欢看一本叫《奥秘》的杂志。这本由云南省科协创办于1980年的全国第一本探索神奇大自然、普及和宣传科学知识的科普连环画刊,打开了兄妹俩窥探世界、探索宇宙万物的心门。在通篇的黑白线稿插图中,徐潇和哥哥走出新疆、看一眼更大的世界的雄心壮志悄然升腾。

于是,在徐潇14岁那年,当兄妹二人面对究竟在新疆继续求学,还是转而南下去遥远繁华的上海时,他们毫不犹豫地选择了充满未知也充满希望的上海。于是,便有了本文开头的那一幕。

母亲和徐潇先回上海。那是一次漫长的迁徙,她和母亲在南下的火车上度过了兴奋、好奇又紧张的七十多个小时。入夜了,睡不着的徐潇从狭窄的卧铺上爬起来,她把脸贴在冰冷的车窗上,窗外一片漆黑,只有远处的星星发出倔强的微光。从那一刻起,她觉得自己成了勇敢的追光者,踏着微弱的星光,奔向光明的未来。

无论是徐潇和哥哥去大城市奋斗的选择,还是父母放弃新疆的一切满足孩子愿望的决定,许多人都有一些不理解。

那时,徐潇的父母已在新疆扎根30多年,都是银行高管。如果一直这样按部就班地过下去,徐潇一家未来的生

第九章　徐潇

愿景升维，从中国互联网钻石第一人到"点灯人"

活无疑是衣食无忧、安逸稳定的，但也一眼就能看到头。自幼向往宇宙的孩子，又怎会甘心把宝贵的人生放在一眼便能望到头的乐土上呢？

于是，当机会摆在面前时，年少的女孩以超越年龄的成熟规划了自己的人生匝道。多年以后再回顾这段历史，徐潇说，这是一次意识升维。因为这次意识升维，她把人生的赛道从闭塞的边陲小城，转到了始终走在时代前沿的国际化大都市；也是因为这次意识升维，她从安逸的燕雀变成了展翅的鸿鹄，从此让奋斗成为自己的基因密码。

她无比感谢当年的自己，勇敢做出了这个在当时看来略显冲动的决定。

唯一的遗憾是，这个选择让父母很为难，这是成年后的徐潇才意识到的。

尽管生在上海、长在上海，但父母离开上海已经 30 多年了，再回来时，他们已是"儿童相见不相识"的客人，一切都要从零开始。起初，母亲没有找到很好的工作，只好去餐馆打工。上海的夏天闷而热，辛苦一天的母亲回到家时常常汗湿后背。尽管母亲从不言苦，总是一副温柔乐观的模样，但母亲曾经舒适、体面的工作环境和上海辛苦的工作现状对比还是给了徐潇极大的触动，她开始渐渐明白父母为了满足他们到大城市奋斗的愿望而做出的取舍。

渐渐地,她的内心有了一个坚定的心锚——一定要通过自己的努力,在大城市闯出属于自己的天地,让父母不为他们的选择而后悔,让自己不为 14 岁时的决定而遗憾,不辜负仅有一次的宝贵人生。

尽管那一年的徐潇并不确定自己想要的属于自己的天地究竟是什么,但希望的种子一旦在心中种下,便会生根发芽,迸发出无穷的激励力量。14 岁的徐潇仿佛一夜之间长大了,内心的那个心锚支撑着她,让她自发自愿地奋发图强,开始在各个维度崭露头角,无论是在学习上,还是在演讲比赛、辩论赛、化学竞赛等课外活动中,徐潇都取得了很好的成绩。而她内心的那个心锚,也成为支撑她大学时光、毕业工作甚至日后创业的重要力量。

徐潇始终认为,母亲是她成长路上最好的领路人。她和千千万万的母亲一样,给了自己人生最好的支撑和支持;她又和千千万万的母亲不一样,面对人生的转折,把选择的权利毫无保留地交给了徐潇和徐磊,孩子们决定去大城市发展,她便倾尽所有的力量去支持,哪怕听到了太多的质疑声。

应该说,母亲用言传身教告诉了徐潇,人生不必人云亦云、循规蹈矩,自己认准的路,坚持去走便可,何必在

第九章 徐潇
愿景升维,从中国互联网钻石第一人到"点灯人"

乎别人的眼光。这种思维在徐潇后来的创业生涯中也发挥了关键作用。

角色升维:从 eBay 兼职卖家,到缔造钻石王国的企业家

有人曾说,淘宝的成长经历就是中国网络购物时代的发展史。然而,鲜有人知道的是,当国内互联网上卖出第一颗钻石时,带领淘宝一路披荆斩棘的马云可能还没想清楚淘宝究竟要如何干。

那是 2002 年的秋天,哈尔滨的一位电台主持人在 eBay 上的一家首饰专营店以 3000 元的价格买下了一颗闪耀的钻石。从冰天雪地的哈尔滨到时尚活力的上海,网络的神奇力量消除了它们之间 2000 多公里的距离,让原本不现实的大额奢侈品交易变成了现实。

这颗具有历史纪念意义的钻石的卖家,正是徐潇。

一颗从南到北成功交易的钻石,叩开了中国奢侈品网络交易的大门,也将立志要做出一番事业回馈父母、证明自己的徐潇正式领上了创业之路,助推她实现了从 eBay 兼职卖家到缔造钻石王国的企业家的角色升维。

今天，当我们重新梳理徐潇的角色升维历程时，会发现它大致可以分为三个阶段。

1. C2C[⊖]阶段："钻石小鸟"的诞生与试飞

2002年，大学毕业不久的徐潇在一家美资软件公司上班，因为工作原因，她接触到了初入中国市场的eBay，并利用业余时间经营售卖二手教材、碟片等物品的网络小店。由于售卖二手商品难以为继，徐潇的网店生意萧条。于是，她想到了毕业于同济大学珠宝鉴定专业、已成为钻石批发商的哥哥徐磊，索性将网店改成了饰品专营店，由哥哥负责提供货源，自己负责销售，主营饰品销售的同时也代卖钻石。

兄妹二人就这样走上了合伙创业的道路。

这一年的中国电商暗潮涌动：彼时，由马云带领的阿里巴巴刚刚在互联网危机中站稳脚跟，成为中国互联网行业的信心。在一片赞誉与鲜花中，阿里巴巴也面临着潜藏的致命危机——来自国外的互联网电商巨头eBay的巨大威胁。此时的eBay几乎占据了中国线上C2C市场超过2/3的市场份额，风头正劲。

⊖ C2C是指个人与个人之间的电子商务。

第九章　徐　潇
愿景升维，从中国互联网钻石第一人到"点灯人"

不过，当时的中国线上零售市场整体规模较小，网络消费群体也很有限。在这样的背景下，徐潇对于网店，尤其是网上钻石销售并未寄予厚望。直到成功交易了第一颗钻石后，她和哥哥才意识到互联网营销的无限可能。

回忆起第一颗钻石的成交过程，徐潇至今仍历历在目。当时，她店里的饰品卖得不错，只花了三个多月的时间，她便成了三颗星卖家（相当于今天的淘宝皇冠卖家），但钻石生意始终没有开张。

有一天，徐潇接到了一通来自哈尔滨的电话，对方直言对店里的钻石很感兴趣。挂断电话，徐潇既兴奋又紧张。由于商品单价较高，用户始终没有下定决心。在此后长达三个月的时间里，徐潇和哥哥一直和用户保持着联系，帮助用户解答一些专业的问题。或许是兄妹俩的诚意打动了用户，最终，在没有看货、没有借用任何第三方支付背书的前提下，用户直接把 3000 元的货款打给了徐潇。

有了第一笔成功交易，第二笔、第三笔便水到渠成，网店开了不到一年，徐潇便成为 eBay 上信用度最高的卖家之一。眼见业务越来越好，在和哥哥商量后，徐潇决定辞职成立公司，经营自己的钻石品牌。

2002 年，徐潇和哥哥正式注册了自己的品牌，他们把品牌命名为"钻石小鸟"。这四个字对于徐潇而言具有特殊的意义：一是，哥哥徐磊的英文名是Stone（代表钻石），妹妹徐潇的英文名是Bridd，两者合起来就成了"钻石小鸟"；二是，"小鸟"是徐潇的精神寄托。在学生时代，徐潇最爱的小说是澳大利亚作家考琳·麦卡洛的《荆棘鸟》，她向往小说里主人公的生活。

就这样，在中国互联网蓄势待发的美好时代，"钻石小鸟"破壳而出。在日后漫长的时光中，这只"小鸟"一路披荆斩棘，从名不见经传的电商做起，逐步壮大，最终成长为引领潮流的国货之光。

2. B2C㊀阶段：打造别具一格的"鼠标+水泥"模式

在中国互联网历史上，2003年是极具特殊意义的一年。彼时，eBay投资1.8亿美元，收购了易趣，后起之秀淘宝则大推"免费开店"计划，希望借此取代并超越易趣在中国的位置。巨头们的酣战也在一定程度上激活了中国互联网市场。一方面，电子商务在中国的普及率越来越高，中国人对网上购物不再陌生；另一方面，eBay的老牌卖家们纷纷转移战场，一头扎进了淘宝的巨大红海中分羹抢食。

此时的"钻石小鸟"也迎来了自己的高速发展期。这

㊀ B2C是指企业与个人之间的电子商务。

第九章 徐潇
愿景升维,从中国互联网钻石第一人到"点灯人"

一年,"钻石小鸟"的当月最高业绩已达到 30 万元,这在当年的互联网销售市场是非常耀眼的成绩。不过,在迅猛发展的同时,"钻石小鸟"也遇到了瓶颈,纪录迟迟未被打破。

如何突破发展瓶颈成了摆在徐潇面前的难题。徐潇明白,改变势在必行,但问题的关键在于如何改、如何变。出人意料的是,在经过了深思熟虑后,徐潇并没有选择随波逐流,和大多数同行一样布局淘宝,而是另辟蹊径,选择了"鼠标+水泥"㊀的业务模式。

徐潇和哥哥选择的这条路,共分三步走完。

第一步:做垂直网站。

2005 年,经过两年多的激烈厮杀,曾经风头正劲的 eBay 逐渐被淘宝替代。彼时,淘宝的市场份额占到了 80%,而 eBay 的市场份额不断下滑,最终彻底退出了中国市场。eBay 的惨淡收场以及淘宝的崛起,使经历过 eBay 最辉煌时期的徐潇和徐磊受到了启发。他们意识到:与其把命运寄托在其他平台上,不如顺势而为,打造自己的平台,把命运掌握在自己的手里。

㊀ "鼠标+水泥"即线上线下相结合,其中"鼠标"指线上,"水泥"指线下。

于是，他们打造了属于自己的垂直销售网站（如图 9-1 所示），这也是"钻石小鸟"业务模式升维的关键第一步。

图 9-1　"钻石小鸟"的销售网站

第二步：打造品牌。

在电商浪潮中摸爬滚打数年，徐潇和徐磊对市场高度敏感。淘宝的崛起让兄妹俩敏锐地看到了未来的中国电商市场将是巨大的红海。徐潇认为，要想在红海中找到属于自己的一席之地，一定要有品牌意识，拥有更强的带货能力。

为了让"钻石小鸟"被更多人看到，兄妹俩想到了借势营销。

2005年左右，篱笆网在当时的上海人气极高，哥哥徐磊联想到做家装的人，一般都是新婚夫妇，都有买钻石的需求，于是他们找到了篱笆网，双方一拍即合，达成了合作意向。当时，篱笆网给了"钻石小鸟"非常好的资源，借着篱笆网的平台，"钻石小鸟"开始以专家、顾问的身份在论坛上开起了"钻石课堂"，并逐渐拥有了自己的用户、粉丝和专属内容。享受了一波痛快的流量红利后，"钻石小鸟"的名气开始扩散开来，前来咨询的人也越来越多。

就这样，"钻石小鸟"的品牌首先在上海打响了，这也为其业务升维打下了坚实的基础。

第三步：开设线下实体体验店。

随着品牌带货能力越来越强，以及与用户的沟通越来越深入，另一个棘手的问题摆在了徐潇和徐磊面前：许多网友反映，还是想看到、摸到钻石，与卖钻石的人面对面沟通。

2005年，线上支付还没有支付宝担保交易，买钻石不比买一件衣服、买一双鞋，尝鲜网购的年轻人依然倾向于同城交易，认为一手交钱、一手交货才稳妥。考虑到市场的实际情况，兄妹俩决定开设线下体验店。

这一年，"钻石小鸟"第一家线下体验店在上海城隍庙珠宝集散中心的一座商务楼内开张了。让徐潇没想到的是，这次尝试让"钻石小鸟"有了新的可能。据徐潇回忆，"钻石小鸟"走入线下的当天，现场挤满了人，许多原本在网上观望的粉丝，纷纷走进线下体验店并最终购买了钻石。开业当月，"钻石小鸟"的业绩增长了5倍，创下了新的销售纪录。

这是兄妹俩带领"钻石小鸟"走出的最关键的一步。而后，尝到了甜头的徐潇决定对这种"线上网站+线下实体店"的销售模式进行复制，他们把第一站选在了北京。

那是2006年，徐潇带领两名员工忐忑地踏上去往北京的路。当时，刚好哥哥徐磊的生日快到了，徐潇给自己定了一个明确目标：一定要在哥哥生日前把店开起来，当作生日礼物送给哥哥。

在北京，徐潇一没朋友、二没经验，跑渠道、跑装修、做市场方案……一切都要自己来，常有的状态是，两名员工一觉醒来，徐潇还坐在那儿工作。付出总有回报，一个月后，徐潇真的把店开起来了，店面和渠道搞定了，公交车上也打了广告，连为了配合开店而进行网站VI更新的设

第九章　徐 潇
愿景升维，从中国互联网钻石第一人到"点灯人"

计师也极其震惊地说："真可怕，你们这个速度，比生鲜上柜都快。"

北京体验店的落地和顺利运营，再次验证了"线上+线下"零售模型的可复制性。至此，"钻石小鸟""鼠标+水泥"的业务模式升维真正实现了。之后的故事便顺理成章——随着资本的介入，徐潇也把这种模式复制到了全国各地。

今天，当我们再次回望"钻石小鸟"所选择的这种走在时代前沿的"鼠标+水泥"的业务模式时，会发现其中有两点非常值得借鉴。

一是店铺选址的特殊性。与传统珠宝店铺不同，"钻石小鸟"开设的线下体验店大多坐落在地标性写字楼的高层。这种独特的选址方式有着深层次的原因：一方面，写字楼比临街旺铺节约大概 20%～30% 的租金费用，可以在产品价格上让利于顾客；另一方面，Office 体验店具有相对私密性，白领消费群体在这样的环境下更容易放松，便于拉近彼此的距离。

二是交易模式的升维。深耕一线市场多年，徐潇和哥哥深知钻石消费者的痛点——既想要高品质的钻石，又苦于囊中羞涩，更不愿面对钻石销售人员的冷眼。为了解决用户痛点，"钻石小鸟"独具匠心地开创了钻石交易新模式，从价格、质量、服务三个维度着手，致力于为用户提供可负担得起的奢侈品。详情如图 9-2 所示。

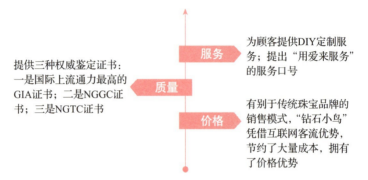

图 9-2 "钻石小鸟"的交易新模式

（注：GIA 为美国宝石学院；NGGC 为国家金银制品质量监督检验中心；NGTC 为国家珠宝玉石质量监督检验中心）

应该说，从建立自己的垂直网站，到打造"钻石小鸟"品牌，再到开设线下体验店，徐潇和哥哥通过关键性的三步，带领"钻石小鸟"走出了"鼠标+水泥"的特色发展道路，完成了业务模式上的一次重要升维。这种线上线下相结合的销售模式为"钻石小鸟"赢得了先机，让插上了翅膀的"钻石小鸟"得以在电商红海中展翅翱翔，一路高歌猛进。以至于在 2010 年前后，O2O 概念还没变热时，马云的战略顾问曾鸣曾在一个重要的行业论坛上，特别以"钻石小鸟"为例讲道："未来的商业模式就应该像'钻石小鸟'这样，既有线上部分，也有线下部分。"

3. 资本助力阶段：资本力量的介入，为"钻石小鸟"的腾飞推波助澜

如果说，在一片混沌的土地上建造出属于自己的商业王国，靠的是持之以恒的信念和在摸爬滚打中练就的内功，那么为这座商业王国开拓商业版图，不仅需要信念的支撑和内功的支持，也需要借助外力。

对于"钻石小鸟"而言，这个外力就是资本。

故事要从2006年的一个电话说起。那时候，决定对"鼠标+水泥"的业务模式进行复制的徐潇正带领团队在杭州快马加鞭地筹备新店，延续模式的复制。彼时，"钻石小鸟"的团队不过二十余人，盘子小，发展空间大，潜力无限。

一天中午，徐潇接到了一通陌生的电话，拨通徐潇电话的人，正是今日资本的徐新。当时，徐潇对徐新和今日资本毫无概念，甚至在接通电话的前几分钟里，她还把徐新误认为是推销金融产品的销售人员。回忆起当时的情景，徐潇自嘲地说："那时候真的是很傻很天真。"

在谈到投资初衷时，今日资本创始合伙人徐新回忆说："当时他们公司规模不大，团队只有二十几个人，一个月收入大约为两百万元。我去看的时候，他们甚至没有像许多

老道的创业家们一样准备一个融资 PPT。"

尽管徐新意识到了"钻石小鸟"当时没有打算融资，但凭借犀利的投资眼光，她还是做出了投资决定。一方面，她觉得徐潇和徐磊两人一个对产品有感觉，一个对用户有感觉，搭配特别好；另一方面，徐新很喜欢"钻石小鸟""鼠标+水泥"的业务模式，觉得很新颖。

在获得了今日资本的首轮投资后，"钻石小鸟"很快又引起了另一个重要投资方——联创策源的注意。

当时，联创策源的创始合伙人冯波正在观望钻石电商市场。有一次，他在从香港考察钻石店归京的途中和司机聊到了钻石，他问司机："钻石真的那么有市场吗？"司机回答说："你难道不知道现在不买钻戒不能结婚？已经没有人在结婚时买金戒指了。"

司机的话让冯波最终找到了投资的契机。于是，他很快找到了"钻石小鸟"，并注资帮助企业完成了第二轮融资。

有了资本的加持后，"钻石小鸟"便有了甩开膀子加油干的信心和勇气。

2008年年初，"钻石小鸟"把线下体验店搬到了广州。经典雅致的"网咖"，时尚炫目的钻石展桌，舒适的组合沙发，全光纤灯吊顶，宛若银河……坐落在广州市天河区维

第九章　徐　潇
愿景升维，从中国互联网钻石第一人到"点灯人"

多利广场 22 楼的"钻石小鸟"体验中心，给人的第一感觉像是一间高档私人会所。

此后，"钻石小鸟"的足迹遍布南京、成都、武汉等更多城市。截至 2020 年 12 月，"钻石小鸟"已在全国 80 多个重要城市开设了线下体验中心与实体店，其位于上海南京路的旗舰体验中心占地 2000 多平方米，荣居全亚洲最大的钻石珠宝体验中心。

应该说，资本力量的介入助推"钻石小鸟"实现了业务版图的升维，在帮助其实现快速扩张的同时，也给徐潇带来了两大启示。

启示一：聚焦品牌。

徐潇回忆，在今日资本投资"钻石小鸟"的同一时期，另一家专投互联网行业的知名风险投资机构也曾有过投资"钻石小鸟"的想法。而这一机构最终错过了"钻石小鸟"，是因为它们当时正在"铂利德钻石""我要钻石网（51diamond.net）"和"钻石小鸟"三家之间犹豫。

鲜为人知的是，这三家其实都属于"钻石小鸟"——其公司名叫上海铂利德钻石有限公司、网站是 51diamond.net、品牌是"钻石小鸟"。

这个乌龙事件尽管没有给"钻石小鸟"带来实质性的损失，但却让徐潇意识到了聚焦品牌的重要性。也是从那时候起,徐潇决定把旗下的钻戒产品统一命名为"钻石小鸟",并一直延续至今。

启示二:坚持提供极致的用户体验。

在获得了资本的加扶后,"钻石小鸟"开始迅速扩张。此时,经过媒体的宣传,"钻石小鸟"的模式、品牌、体验等方面在短时间内遭到了大量复制。

徐潇回忆说,当年"钻石小鸟"在进驻广州后曾引来了一大批跟风者。在极短的时间内,维多利广场里便装下了20多家钻石品牌店。不仅如此,当时在上海的旗舰店也遭遇竞争者的围堵,楼上楼下开了好几家,甚至有卖家直接把店开在了"钻石小鸟"对面。

据不完全统计,在2008~2011年间,全国涌现了超过2000家和"钻石小鸟"模式相近的企业。然而,几年过后,这些曾经跟风的企业大多难觅踪迹,只有"钻石小鸟"笑到了最后。

徐潇认为,这与"钻石小鸟"提供的极致产品和极致体验密不可分。她强调:"真正去做这件事的人,会发现这个模式没有他们想象得那么简单。因为你必须要有自己的获客能力。消费者是相信你的品牌,而不是为价格而来。"

直到今天,追求极致产品和极致体验依然是"钻石小

第九章　徐　潇
愿景升维，从中国互联网钻石第一人到"点灯人"

鸟"不可撼动的经营原则。

首先是追求极致的产品。徐潇认为，"钻石小鸟"要打造的就是极致的产品，因为极致的设计、工艺标准，才是留住用户的真正武器。

因此，"钻石小鸟"在钻石品质上，已经领先市场上90%的同类商家；在切工上，达到了3个EXCELLENT（优秀、杰出）的比例高达70%，而传统珠宝品牌里该比例只有5%；在净度上，全都是VS2以上，而传统珠宝品牌的净度很难保证；在工艺上，有近70%的产品都是与日本和意大利的工厂合作。

其次是追求极致的体验。"钻石小鸟"当初开设线下店，目的就是为了提升用户的体验感。在此后的发展历程中，"钻石小鸟"始终把极致的用户体验摆在重要位置，做了很多和用户交互的设计。比如，推出一对一钻石专家顾问式服务，让用户在专业人员辅助下挑选到最心仪的钻石与款式；花重金打造钻戒智能定制小程序"钻石小鸟钻戒大师"，让用户在线上就可以完成钻戒个性化设计与定制，甚至在产品上可以篆刻照片、指纹甚至声波纹等个性化元素；在体验店购买戒指后，还可以在特质的手秀箱或者求婚氛围的布景中，借着专业的灯光和布景，拍照分享；用户的任何问题都会在12小时内得到反馈和解决……

从在 eBay 兼职开店到打造自己的垂直网站，推出"鼠标+水泥"的业务模式，再到借助资本的力量把线下体验店复制到全国各地，追求极致的徐潇把每一步都走得稳、准、狠。

徐潇始终认为，钻戒是幸福的代表，她正在做的事业是幸福的代名词。借助这份幸福的事业，她实现了为家人带去更好生活的愿望，也为更多人传递了爱，实现了自己的价值，完成了角色的升维。

使命升维：
不做"追光者"，愿做"点灯人"

创业是一件幸福的事情。如果所做的事情，恰巧又关系着千万人的幸福，那么幸福就会翻倍。这是徐潇对创业的最大感悟。不过，每一份幸福的成功熬制，都需要添加苦涩的佐料。

对于徐潇而言，创业路上尝到的最大的苦和遇到的最大的拦路虎，就是人才的稀缺。

从 2002 年踏上创业征程，到 2020 年"钻石小鸟"享誉盛名，徐潇完成了人才从 1 到 10、从 10 到 100、从 100

第九章　徐潇
愿景升维,从中国互联网钻石第一人到"点灯人"

到 1000 再到 10000 的复制。靠着"软硬兼备"打造了自己的人才营盘,为企业源源不断地输送了精兵强将,并实现了企业文化与技艺的传承,在这个过程中,徐潇也完成了人生中最重要的升维——使命升维。这次升维,让她从一个一心想要获得商业成功、为家人提供好的生活、证明自身价值的"追光者",变成了愿意影响更多人、成就更多人、与更多人一起创造商业成功的"点灯人"。

徐潇的使命升维分为三个步骤。

1. 第一步:从钻石卖家到企业管理者

2006 年,"钻石小鸟"成功拿到了今日资本的风投。随后,快速扩张的"钻石小鸟"开始大量"招兵买马",在不到一年的时间里,小鸟的团队迅速扩大,团队成员从最初的二十几人增加到了 100 多人。随着企业规模的迅速扩张,由扩张带来的管理阵痛也开始出现,各种问题层出不穷,让徐潇感觉苦不堪言。

直到"钻石小鸟"第一任人事经理孙怡提出离职,徐潇才真正意识到了团队管理的重要性。

作为团队的核心成员,孙怡是在初创期陪着徐潇创业的"功臣"。当时开拓北京市场,徐潇带的精兵强将中就有孙怡。左膀右臂突然离职,让徐潇十分诧异。在和孙怡详谈的过程中，徐潇诚恳地问孙怡："是不是我们哪里没做好？"没想到，孙怡却理性而动情地给了她另一个答案："我的经验最多只能应付十几个人的小公司，现在企业规模扩大了，我的经验已经应付不来，您应该物色一个更有经验的人事经理。我相信'小鸟'未来的前途一定不可估量，而我不想耽误'小鸟'。"

孙怡的话让徐潇万分感慨。一方面，她感激曾经和自己并肩作战的老同事、老战友的体恤；另一方面，老同事、老战友的主动离开也交给了她一把解决组织发展问题的钥匙，她第一次意识到企业管理应该从个人时代进入组织规范化管理时代。

徐潇明白，企业的规范化管理首先要解决的就是人才复制和人才培养的问题：人才是企业发展的基石，如果不进行人才复制，企业的扩张就失去了源泉和根基；如果不进行人才培养，许多像孙怡一样的企业功臣就会因为跟不上企业的发展速度而失去和企业共同成长的机会。

意识到这一点后，徐潇决定在人才管理上苦下功夫。不过，当时的徐潇还并没有想好怎么做，直到一次偶然的机会，她走进了行动教育"校长EMBA"的课堂。

说起徐潇和行动教育的结缘，颇有几分戏剧性。彼时，

第九章 徐潇
愿景升维，从中国互联网钻石第一人到"点灯人"

今日资本投资的另一家企业——避风塘的创始人叶总是行动教育的老学员。受行动教育指导，他当时正在企业内部推行绩效改革。有一次，徐潇到避风塘考察，觉得避风塘的绩效改革做得非常好，追问之下，才知道了行动教育的存在。

后来，徐潇尝试性地参与了李践老师的"赢利模式"课程。那时候，徐潇带领的"钻石小鸟"正在加速扩张，三天的课程让徐潇收获颇丰。就这样，徐潇当即果断决定加入行动教育"校长 EMBA"，进行更系统、更深入的学习。

应该说，行动教育的"校长 EMBA"课程解了徐潇的燃眉之急，让她找到了人才复制和人才培养的关键突破口。

在"校长 EMBA"第一课"招才选将"中，李践老师总结了一套实用高效的招选"将才"指导模型——"北斗七星"模型，即：通过画布、画像、画饼、广招、慎选、严进、善用七颗星（如图 9-3 所示），解决企业人才的招、选、育、留问题。

其中，"画布"解决的是招人底层逻辑的问题；"画像"解决的是招人标准的问题；"画饼"强调的是企业通过不断努力,所呈现出的对人才的一种实实在在的巨大吸引力;"广招"解决的是如何让企业拥有"千军万马"的问题;"慎选"解决的是如何避免"招错人"的问题;"严进"强调的是企业在招选"将才"的过程中要保持严肃、依法治企,做到公平、高效及防范风险;"善用"解决的是如何让员工更好地为企业工作的问题。

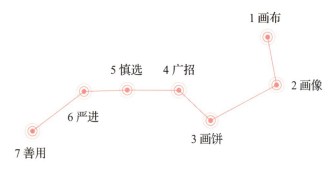

图 9-3 "北斗七星"模型

李践老师的这套招才选将"北斗七星"模型,给徐潇带来了如何系统培育人才的启发与深度思考。在企业发展变革的关键时期,徐潇又做出一个重大的战略决定,继极致产品、极致体验后又提出了第三个战略方向——极致团队,并由此从业务一线转战人才一线,让哥哥徐磊挂帅业务战线,而自己则亲自带队成立了珠宝行业首家企业内部培训机构,成为一名名副其实的"校长",专注于人才培育的工作。

2. 第二步：从企业管理者到校长型企业家

2018 年是"钻石小鸟"发展历史上至关重要的一年。这一年，兄妹俩为"钻石小鸟"制定了未来 3 年复制 100 家店的宏伟计划。

同样是在这一年，徐潇完成了行动教育"校长 EMBA"的课程，并第一次荣获了"9.9 企业家校长节""十大企业家校长"的光荣称号。与此同时，她做出了一个重要决定：和行动教育一起建立"钻石小鸟"培训中心，亲自担任校长，为企业和行业培养、输送更多人才。

在第二届"9.9 企业家校长节"荣誉盛典上，徐潇捧着奖杯深情动人地谈道："在这一年，我的身份从过去企业的创始人、管理者到今年成为企业的教练。我希望能够更多地把我们在这个行业里收获的宝贵经验沉淀下来，变成可以让我们的团队成长，让品牌增值，让行业未来更加美好的力量。"

徐潇是这样说的，也是这样做的。在此后不到一年的时间里，"钻石小鸟"从内部培养了 30 余名内训师，自主研发了十多门课程。

当时，"钻石小鸟"承载的第一个现实课题就是如何以位于上海南京路的旗舰店——全亚洲最大的钻石珠宝体验中心的成功模式为蓝本,实现"钻石小鸟"企业文化、业务水准、盈利能力向全国进行标准化复制。

为了完成这个艰巨的任务,自2018年1月起,行动教育专家组同"钻石小鸟"项目组成员,深入"钻石小鸟"总部及区域门店,开始了为期大半年的调研诊断及萃取筹建工作。

在项目开始之初,通过覆盖"老中青"及"高中基"员工的详细调研,专家组了解到:"钻石小鸟"在领导层能力圈、品牌影响力、用户及产品口碑等方面极具优势,但在企业战略目标传导、企业内核文化传承、各城市中心店团队能级等多个方面都亟待提升。

一个企业培训机构,要承载的功能非常多。但是,要实现3年100家明星店面的复制,核心抓手是什么?

行动教育强调抓"牛鼻子"——抓住1%的关键重点,往往决定了99%的成功。经过反复地分析、研讨、打样,行动教育专家组及"钻石小鸟"项目组决定,在系统导入行动教育中层培养体系的基础上,着重从"店长能级提升"这一核心课程入手,由此研发出"金牌店长复制"这一关键学习项目。详情如表9-1、图9-4、表9-2所示。

第九章 徐潇
愿景升维,从中国互联网钻石第一人到"点灯人"

表 9-1 行动教育与"钻石小鸟"共同设计的课程体系

名称	目的	参训对象	培训形式及内容	责任人
中层领导力训练营	改变思维,培养创新,突破的中层管理者,提升领导力及管理能力	经理、主管、城市经理、店管培训练生等	课程+教练+行动学习法 "团队管理""有效激励""目标管理""学习管理""成长教练""主动担当"	许晓雪
金牌店长班	改变店长的格局与角色定位,培养店长系统化管理运营能力(店铺经营,市场开拓,客户服务及团队管理能力)	城市经理、店长、店长助理等	课程+实操落地+行动学习 "店长定位及角色认知" "打造冠军团队" "市场开拓消费者洞察" "目标管理及绩效面谈" "极致体验服务" "游戏化管理" ……	谢辰

303

升 维

拥抱未来商业的 10 个关键方法

	资质	知识	技能	素养
绩优金牌店长	1.在无支援人员的情况下，店铺运营（盈亏平衡）指标能够达成预期目标	1.市场营销知识 2.数据分析及管理知识 3.人员梯队建设知识	1.绩效辅导能力 2.活动组织、市场营销能力 3.经营分析能力 4.培养新人能力	1.全局思维 2.成本意识
胜任店长	1.通过新任店长阶段笔试+实操考核 2.神秘访客成绩连续两个月合格	1.客诉处理知识 2.绩效管理知识 3.培训带教知识 4.成长沟通知识 5.数据分析知识	1.掌握重点产品销售技能 2.客诉及异议处理能力 3.基本培训能力 4.团队激励能力	1.带头表率 2.公平公正 3.责任感强
新任店长	1.35岁以下 2.有销售经验 3.有店铺（专柜）管理经验	1.了解公司企业文化 2.掌握珠宝顾问岗位知识 3.掌握库房、收银岗位知识 4.掌握基本店铺管理知识、角色管理认知	1.沟通与表达 2.店铺各岗位工作技能（含系统操作） 3.掌握重点产品销售技能 4.现场管理能力	1.学习力强 2.乐观抗压

图 9—4 "钻石小鸟"的店长人才画像

表9-2 "钻石小鸟"店长学习地图

核心目标		第一阶段 新任店长
	成果目标	在无支援人员的情况下,店铺能够按照"钻石小鸟"的标准正常运营,神秘访客成绩连续两个月合格
	能力目标	掌握珠宝顾问及收银、库管岗位技能,具备基本现场管理能力
L—学	学习内容	珠宝顾问专业知识,市场营销知识,数据分析及管理知识,人员梯队建设知识
	学习形式	每月集中(总部)开班培训,开业支援人员现场带教
T—考	考核方式	笔试、实操考核
P—练	练习形式	1. 模拟练习顾客接待及重点产品销售 2. 库管、收银岗位各项技能模拟操作 3. 每日店铺巡检、开早晚会议及巡检表、日报表制作
C—跟	跟踪方式	1. 带教人员对每日进度及任务完成情况进行沟通指导 2. 带教人员离开后每日关注日报表情况 3. 根据神秘访客数据及运营数据反馈出的问题进行针对性辅导
达标标准		通过新任店长培训阶段笔试+实操考核,支援人员离店前店长业务实操考核,神秘访客成绩连续两个月达标

(续)

核心目标		第二阶段 胜任店长
	成果目标	各项运营指标合格,店铺达到盈亏平衡
	能力目标	掌握重点产品销售技能,客诉及异议处理能力,基本培训能力,团队激励能力
L-学	学习内容	客诉处理知识,绩效管理知识,培训带教知识,成长沟通知识,数据分析知识
	学习形式	每季度集中授课,区域支持店铺派人到店铺指导(一次珠宝顾问,一次店长)
T-考	考核方式	笔试、实操考核,运营指标
P-练	练习形式	1. 模拟练习重点产品销售 2. 模拟练习客诉处理 3. 每周对店铺运营数据进行分析 4. 每月与店铺员工进行成长沟通
C-跟	跟踪方式	1. 重点产品销售目标达成(每周跟踪) 2. 各项运营指标达成(每周跟踪) 3. 每月与店长进行成长沟通

核心目标		第三阶段 金牌店长
	成果目标	从运营型店长向具备区域营销能力的城市经理转型
	能力目标	具备制订区域市场推广计划的能力,营销活动的策划能力,掌握数据分析与管理的知识,具备人才梯队建设的能力

（续）

第三阶段 金牌店长

L-学	学习内容	市场营销知识,营销活动策划知识,经营数据分析,新人培养与带教,绩效辅导
	学习方式	每季度集中授课,总部派专人到店指导(一年两次,由营销中心与共享中心经理级以上管理人负责)
T-考	考核方式	笔试、实操考核,运营指标,市场推广指标
P-练	练习形式	1. 营销活动策划与PK 2. 市场推广投放计划与PK 3. 经营数据模拟分析练习 4. 绩效辅导现场模拟与PK
C-跟	跟踪方式	1. 门店会员活动的策划与组织(每季度一次) 2. 门店促销活动的策划与组织(每季度一次) 3. 门店经营数据分析报告(每月一次) 4. 门店宝宝顾问绩效辅导与面谈(每季度一次) 5. 门店珠宝顾问晋升考核成绩(一年一次)

"钻石小鸟"培训中心的成立，为企业的发展和珠宝行业的发展源源不断地输送人才。不管是对于当时已有 16 年辉煌历程的"钻石小鸟"而言，还是对徐潇本人而言，这都是一件具有特殊意义的里程碑事件。

在践行不单单是要获得企业的成长，更多的是要成就更多人成长的使命中，徐潇深刻地领悟到：作为一个创业者不仅需要有敢于变革的勇气，更需要有能将其落地的能力与智慧，这勇气就是企业家精神，而这落地的能力与智慧就是科学、系统的管理思考。

3. 第三步：从校长型企业家到"点灯人"

从 2018 年到 2020 年，"钻石小鸟"朝着既定的 3 年复制 100 家店的目标披荆斩棘，一路前行。在这个过程中，徐潇看到了人才复制对企业发展产生的巨大影响，也见证了许多员工从基层做起一步步成长为店长、主管甚至经理。

在欣慰的同时，徐潇也开始思考另一个问题：建立企业培训中心的真正目的究竟是什么？

在 2018 年之前，徐潇对这个问题的思考还不够深入，那时候，她想得太实在："就是要大量开店，人才青黄不接，得培养啊！"当她实实在在地做了这件事后，她对这个问题有了更深的感悟，她意识到：教育从来都不是单纯的

第九章 徐潇
愿景升维,从中国互联网钻石第一人到"点灯人"

功利行为,它最原始的初衷是影响及成就他人,触及员工的能量之源,激发出他们最大的价值与潜能。

教育不是把篮子装满,而是把灯点亮。

她想起了 30 多年前那个趴在昏暗的火车车厢里追逐远处星光的 14 岁的小女孩;想起了 18 年前在上海小洋房狭小的阁楼上为了实现给父母带来更好的生活、证明自己的价值而自发自愿地通宵达旦地学习的小姑娘……她第一次意识到,当年父母放弃安稳的生活,带着她和哥哥回到热闹繁华的上海,就是在他们心中点亮了一盏灯,在后来漫长的岁月中,正是这盏灯激励着她一路追着光不断成长。

现在,她想和曾经的父母一样,成为那个点亮心灯的人。

在"校长 EMBA"的课堂上,李践老师曾抛出了一个问题:在招人、选人、用人、育人上,你花了多少时间?

当时,徐潇的答案连她自己都吃了一惊:只有 10%。因为过去十年间,徐潇有数不清的事要处理,有数不完的目标要达成。而在这个过程中,她恰恰忽略了最重要的一点:把更多的时间和精力放在人的身上,点亮员工的心灯,帮助他们找到自己的使命、愿景和推动他们不断成长、不断前行的内在动力。

这个答案让徐潇十分震撼。于是,在经过了深思熟虑后，她做出了一个重要决定：把"钻石小鸟"全权交给哥哥徐磊，从"心"出发，创办新的星星点灯平台，帮助更多人完成自己的成长、蜕变。

至此，徐潇真正完成了使命的升维，从备受鼓舞、一路披荆斩棘的"追光者"，成为鼓舞他人、帮助他人一路披荆斩棘的"点灯人"。

对于徐潇而言，2020年是收获的一年。这一年，她第二次获得了"十大企业家校长"的光荣称号。更让她感到幸福的是，她的星星点灯平台，正在带给更多人勇气、力量和成长。

让人人都成为主角，被世界看见，这是星星点灯平台的宗旨和使命。过去的18年间，徐潇带着"钻石小鸟"一路腾飞，让"小鸟"和自己成了主角，被世界看到。如今，曾经的"小鸟"蜕变成了"大鸟"，它翅膀上承载了更多人和更多的梦想，带领他们到更广阔的天空翱翔，让他们被世界看到，这正是徐潇的使命。

张海波

第十章

品牌升维,
34年只做冰淇淋

什么是世界上最快乐的事情？一个有趣的答案是吃冰淇淋。联合利华公司曾做过的一项研究表明：吃一勺凉凉的冰淇淋就像听自己最喜欢的音乐、欣赏自己最钟爱的电影一样，能够让人快乐、欣喜、身心愉悦。

吃冰淇淋本身就是一件快乐的事。而提到这件快乐的事，几乎每个人都有自己的独特记忆，对于许多"80后""90后"而言，这份独特的记忆应该是小神童、天冰大果、聪明转转……这些带有独特时代印记、为无数孩子带来快乐夏天的冰淇淋，无一例外都出自于拥有35年历史的本土冰淇淋品牌——天冰。

1986年，天冰用租来的雪糕机生产出了第一支冰淇淋。从此以后，天冰在冷饮行业扎下了根，不断开发新口味、高品质的产品，扛起了中国冷饮界的旗帜，见证了冰淇淋在中国的爆发与发展。

第十章　张海波
品牌升维，34 年只做冰淇淋

从人多、厂多的大工厂时代，到砍掉生产线上"杂草"的聚焦时代，再到以质取胜的品质时代，从某种程度而言，天冰的发展历程就是中国大多数民营企业成长的缩影。如果要用一个词来形容天冰的升维特质，那么这个词便是"聚焦"，是"一生只做一件事"——始于 1986 年的天冰，35 年的确只做了一件事，即生产高品质的冰淇淋。

天冰 1.0 时代：
工厂大生产时代，从 0 到 100

翻开张海波的人生画卷，你会发现他的人生履历有些"过分"简单：2003 年，从河南牧业经济学院食品冷冻冷藏专业研究生毕业后，年轻的张海波加入了天冰冷饮集团（简称：天冰），在此后漫长的 17 年中，他扎根在天冰，从最基层的产品研发员、市场业务员开始，一步步凭借自己的努力，成长为天冰冷饮集团总经理。

因此，要想走进张海波的升维故事，一定绕不开天冰的创业历程。而提到天冰的创业历程，还需要从天冰创始人张振卿说起。

时光回溯到 20 世纪 80 年代，刚刚 20 岁出头的张振卿还是洛阳偃师某镇中学里的一名物理老师，张海波就曾是他最得意的学生之一。如果不是一次偶然的机会，张振卿将如学校其他的老师一样，半生耕耘在三尺讲台上。然而，作为我国恢复高考后的第一批大学生，张振卿显然没有服从命运的安排，他比别人更快、更准地看到了创业的机会，并敢为人先地迈出了创业的关键一步。

那是 1985 年年末，到陕西宝鸡出差的张振卿意外发现，当地有种雪糕卖得非常好，经常脱销。这让张振卿马上想到：镇里供销社正好有一台雪糕机闲置，如果拉到宝鸡做雪糕生意，会不会很赚钱呢？

张振卿的创业想法很快便得到了家人的全力支持。1986 年年初，张振卿马不停蹄地去学校办理了停薪留职手续，带着家里资助的 4000 元创业基金和从供销社花 1000 元租来的雪糕机，来到了距家 500 多公里的陕西宝鸡，创立了宝鸡天冰冷饮厂，拉开了自己创业的序幕。

这便是天冰最初的样子。

然而，由于经验不足，摸着石头过河，创业伊始，24 岁的张振卿就因为买错了雪糕模具而遇到了创业的第一个难题。

当时，别人的雪糕都是 50 克的雪糕模具，而张振卿却稀里糊涂地买成了 100 克的雪糕模具。正所谓"有心栽花花不开，无心插柳柳成荫"，令张振卿没想到的是，他用买

第十章 张海波
品牌升维，34年只做冰淇淋

错的 100 克模具制作出的"大块头"雪糕却为他打开了另一扇销售大门。事实证明，张振卿做出的 100 克"大块头"雪糕饱受市场欢迎，成为当地卖得最好的雪糕，一时间，经销商排队进货，订单源源不断。

就这样，凭借着这款后来被命名为"渭河大雪糕"的单品，张振卿赚到了人生的第一桶金。而"渭河大雪糕"也成为天冰创立后第一款广受欢迎的明星产品。

"这是机遇的原因，也有运气的成分。"谈起"渭河大雪糕"的成功，张振卿感觉很庆幸。他知道，"渭河大雪糕"之所以广受欢迎，其中一个重要原因正是因为相比于别的雪糕，整整大了一倍的它更实惠、更符合顾客需求。应该说，从这一款产品开始，天冰以顾客为主、注重产品价值和产品品质的底层基因就已经种下。

20 世纪 80 年代的宝鸡，雪糕生意竞争少，赚钱也相对较快。创业第一年，张振卿赚了 2 万元；第二年，这个数字变成了 6 万元。在此后的八年时间里，张振卿卖雪糕的营业额基本每年都会翻番，利润也逐年增加。

眼看着生意一点点做大了，张振卿决定扩大规模，注册商标，打造自己的品牌。1994 年，张振卿在家乡河南洛阳成立了洛阳天冰冷饮有限公司。与此同时，他加大设备和人力投入，果断舍弃了"渭河大雪糕"这个比较"接地气"的名字，正式注册了"天冰"商标。

如今看来，洛阳算得上是天冰的发祥地：在这里，天冰研发出了后来红遍中原大地的粮食类产品"天冰黑米糕"，这是天冰继"渭河大雪糕"后推出的又一标志性明星产品；也正是从这里开始，天冰逐渐走向全国——1997年，石家庄天冰冷饮厂成立，1999年河南省天冰冷饮有限公司成立，此后的13年间，天冰的触角又扩展到了武汉和长沙，逐步创建了庞大的天冰冷饮王国。

1999年，天冰邀请了当红童星关凌在中央电视台做广告代言，成为全国首个在央视做广告的冰淇淋企业。2000年，天冰又邀请了著名影视明星周迅做品牌代言。在广告效应和名人效应的双重加持下，天冰品牌迅速享誉全国。

然而，历史的经验告诉我们，任何事物的发展都是前进性与曲折性的统一。

迈入"千禧年"后，冷饮行业迎来了第一次大洗牌。当时，全国的雪糕厂遍地开花，仅洛阳就有超过300家，冷饮行业竞争极度恶化。而在恶性的竞争中，一批又一批的企业倒下了，再也没有站起来。在这场倒闭风波中，天冰受到了很大的冲击，自身存在的管理问题也暴露了出来：虽然"摊子"比较大，但天冰仍然延续着小企业的管理模式，企业变了，管理模式没有变。

除了内部管理外,天冰的外部销售也不顺利。2000年到2005年是天冰既痛苦又关键的5年,在这5年里,企业营业收入一直徘徊不前,尤其是2004年,营业收入出现了亏损,公司很多人才相继流失。

在内忧外患的双重夹击下,张振卿感觉到了无形的危机。与此同时,他也清醒地意识到:要想推动天冰持续向前发展,必须培养新的领导,出台新的管理措施,为天冰注入新的活力源泉。

张振卿在天冰1.0时代做出的升维举措主要包含四个方面,如图10-1所示。

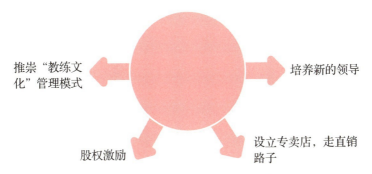

图 10-1 天冰 1.0 时代的升维举措

1. 推崇"教练文化"管理模式

工厂多,难管理,这是当时天冰面临的最棘手的发展问题之一。

为了解决这个问题,张振卿摸索出一套独特的管理模式,他把这套管理模式的核心归纳为"教练文化"。张振卿认为:领导的职能是教练职能,培养下级的心态和知识,而不是干预具体的生产。公司多了,不好管理,那么最好的统筹管理方式就是展开检查、评比、研讨活动。

于是,他每个月都会带领公司中层对分布在全国各地的分公司做一次集中大检查。通过检查去推动工作,了解各分厂的工作状况,同时对检查结果进行评比和研讨。通过评比去激发员工劳动的积极性,通过研讨总结经验,发扬各分公司做得好的地方,对做得不好的地方引以为戒。

2. 培养新领导

2000~2007 年,天冰提拔了许多有能力、有激情、敢想敢干的年轻人。以张海波为例,2003 年他刚入职天冰时还是一个基层产品研发员。在此后几年里,凭借着扎实过硬的专业知识和好学肯干的特质,他迅速脱颖而出,受到了天冰的栽培和提拔,一步步走上了分公司总经理的岗位。

张振卿认为,培养年轻有为的新领导就是在为企业的发展补充新鲜血液。他培养人的方法也很独特:带领这些新领导去各个公司,所有的参观者最后都要上台做总结,如这个公司有哪些好的地方,哪些地方还有不足之处,你

第十章　张海波
品牌升维，34年只做冰淇淋

的感悟是什么。

"或许这个新领导没有做过总经理，但他看了六七个厂以后，每个人都会说这个厂的优点和缺点，以及成功、失败的地方，他马上就会学到很多东西。"谈及张振卿培养新领导的方法，张海波如是说。而他本人正是通过这套方法得以快速成长的最好例证。

3. 股权激励

2005年，张振卿开始在公司内部进行改革。首先推行股份制，把公司的一部分股份送给核心员工。这一举措，极大地调动了员工的工作积极性，也从侧面印证了一个企业家的博大胸怀。

4. 设立专卖店，走直销路子

迈入"千禧年"后，冷饮市场上所有的冷饮厂商几乎都是走超市和经销商的销售渠道，大家争夺的唯一手段就是价格和广告。而在当时的张振卿看来，天冰规模小，在广告投放上肯定竞争不过蒙牛和伊利，要想在市场上占有一席之地，除非另辟蹊径。从2001年开始，在经过深思熟虑后，张振卿率先提出了直销模式：放弃经销商，自己设立专卖店，走直销的路子。

尽管在当时许多人无法理解这个销售思路，但今天来看，它的确帮助天冰花最少的钱达到了最好的品牌推广效果，进而为天冰开辟了一条崭新的发展之路。

在张振卿的带领下，2005 年年末，天冰逐步走出了低谷，实现了当年销售额增长 30% 的突破。在此后的两三年里，天冰一鼓作气，迎来了飞跃式的发展。

回顾天冰 1.0 时代，我们可以清晰地看到一个民族品牌的优良基因是如何一点点种下的。今天，当我们重新复盘张振卿在天冰 1.0 时代实行的四大升维策略时，不难发现，它们确实对天冰的发展具有重大意义。这种意义又突出表现在两个方面：一是为天冰的未来发展打下了坚实的基础；二是为天冰培养了卓越的领导人和接班人。

天冰 2.0 时代：高质量转型时代，成为中国冰淇淋民营企业第一

2008 年，张海波由分公司调往集团总部，担任集团副总经理。也正是在这一年，天冰正式迎来了以"高质量转型"为主题的天冰 2.0 时代。

故事还要从 2007 年的一场车祸说起。

那时候，张海波还在分公司担任分公司总经理一职。按照公司规定，他每个月都会和公司其他中层领导一起

第十章　张海波
品牌升维，34年只做冰淇淋

"巡厂"。所谓的"巡厂"，就是依次对天冰分布在全国各地的10家分公司进行集中大检查。2007年，在一次"巡厂"的路上，张海波意外遭遇了严重车祸。当他死里逃生，在协和医院的病床上张开眼睛时，他发现他的内心竟然没有重生的喜悦，反而充斥着对未来的迷茫和恐惧痛苦。他在心里一遍遍地问自己：这样的日子，究竟什么时候才能到头？

当时的天冰在全国各地一共开设了10家分公司，由于总公司与分公司之间、分公司与分公司之间路途遥远，几乎每次"巡厂"，张海波和同事们都要持续奔走十多天甚至二十多天，整个行程加起来，超过3万多公里。在那个没有高铁、动车，坐飞机又成本太高的年代，"巡厂"全靠开车来回。这意味着，每个月花二十多天跑3万多公里路程，来回奔波于天冰各个分公司之间是包括张海波在内的所有公司中层领导的工作日常。

更让张海波感到不安的是，付出和回报似乎并不成正比：当年的天冰一共有10个工厂、100多个产品、10000多名员工，可年利润却不足1000万元。

这次车祸之后，如何带领天冰摆脱厂子多、产品多、员工多、管理乱的现状，如何打破1000万元的"魔咒"，带领天冰百尺竿头更进一步，就成了扎在张海波心中的一根利刺。

2008年，张海波因为表现优异，被提拔为集团副总经理。也是在这一年，他第一次走进了行动教育第42期"赢利模式"课堂，从此与行动教育结下了不解之缘。

"12年来一直向李践老师学习'赢利模式'，从刚开始对管理懵懂到现在学会精细化管理，从刚开始年营业额几千万元到现在年营业额近10亿元，每次学习都有新的收获。"谈起行动教育，张海波如是说。

张海波至今仍记得，在"赢利模式"课堂上，李践老师提到了一个关键词——聚焦。当时，李践老师满怀豪情地问了学员们四个问题：

为什么要做这么大？

为什么要做那么多？

多有何用？

大了又会怎么样？

这四个问题，每一个都像一把锤子，狠狠地锤在了张海波的心上。他的头脑里立马浮现出了天冰的发展现状，每个月自己和其他天冰中层领导辛苦奔波3万多公里一家一家巡厂的情景、不久前的那次车祸……他感觉热血沸腾，这四个问题仿佛就是专门问天冰的。而在思索这四个问题

第十章　张海波
品牌升维，34年只做冰淇淋

的过程中，他对天冰未来的发展有了新的想法和规划。

培训结束后，他做出了上任以来最重要的一个决定：产品聚焦，砍掉多余的工厂、低端的产品和多余的员工，重新定位天冰的发展战略，向高质量企业转型。古语有云："新官上任三把火。"而张海波上任后的第一把火，无疑烧得又旺又惊心动魄。由此，天冰2.0时代的升维序幕正式拉开。

然而，张海波的这把火却烧得并不顺利，他提出的产品聚焦很快就引发了许多人的不乐意。

第一波不乐意的人是分公司领导。

作为从分公司基层员工一步步成长起来的典型代表，张海波很理解分公司领导们的心情。就像养育孩子一样，天冰的每一座厂房都是他们带人一砖一瓦建立起来的，分公司里的每一位员工也是他们一个个亲自招来的，天冰的产品更是他们带领人一根一根做出来的，突然让他们"断舍离"，着实残忍。不管是"砍"掉分公司、"砍"掉工厂，还是"砍"掉产品、"砍"掉员工，对于他们而言都无异于抛下辛苦养大的"孩子"，这不仅需要巨大的勇气，更需要承受巨大的痛苦。

第二波不乐意的人是经销商。

2008年，天冰的品牌已经享誉全国，许多"80后"

"90后"甚至"00后"都是吃着天冰的冰棍、雪糕、冰淇淋长大的。当时天冰的产品多达100多个,每一个产品都有自己的固定消费群体,"砍"掉任何一个产品,都等于"砍"断了经销商的财路。

张海波至今仍记得,天冰产品聚焦战略与经销商最大的冲突点爆发在"砍"掉"乐滋味"这款产品时。作为天冰早年最畅销的单品之一,2008年"乐滋味"一年的销售额已经达到了1.6亿元,即便放在今天,这个销售成绩也非常亮眼。然而,由于要走高品质路线,张海波最终下定决心"砍"掉了这款畅销单品。一个畅销了十几年,销量和利润空间都很可观的明星单品突然被拿掉,一时间,经销商们再也坐不住了,纷纷发出了抵制的声音。

"那段时间,天冰的电话几乎被经销商打爆了,有些人一开口就骂,甚至还有人直接找上门来,要求给个说法。"回忆起当时的情景,张海波至今仍历历在目。

第三波不乐意的人是天冰的老员工。

犹如在平静的水面突然丢下了一颗炸弹,当天冰的产品聚焦战略宣布后,公司内外纷纷炸开了锅。"砍"工厂、"砍"产品、"砍"员工,一时间,"砍"成了大家饭后的唯一谈资,企业里人人自危,害怕被"砍"掉,害怕未来的生活没有着落……

第十章 张海波
品牌升维，34 年只做冰淇淋

张海波记得，在宣布砍掉"乐滋味"后不久，一位跟随了天冰多年的老员工老李愤怒地推开了他的办公室大门。在阳光四溢的办公室里，老李几乎是咆哮着冲张海波喊道："'乐滋味'产品坚决不能'砍'，我们车间三百多号人，就靠这个产品养家糊口，你把它'砍'掉不是要我们的命吗？"

张海波看着咆哮的老李，五味杂陈。那天，老李穿着一件蓝色的上衣和一双洗得发白的鞋，张海波记得，他第一天走进天冰车间，第一次见到老李的时候，老李就穿着这身衣服。因为穷，十多年来，这身装扮就是老李的"标配"。也是因为穷，已经扎根天冰二十多年的老李，一家四口依然还挤在十几平方米的员工宿舍里。

那天，张海波在送走老李后把自己关在办公室里思考了很久。他知道，从他做出战略计划调整的那一天起，从他决定"砍"掉工厂、"砍"掉产品、"砍"掉员工的那一刻起，他一定会遭遇巨大的阻力，甚至动了许多人的"奶酪"。

可这一步，他必须走。

多年的企业管理经验让张海波清楚地知道：对于企业而言，做加法很简单，只需要一步步按部就班地"添加"即可；做减法却很难，它需要的是排除万难地"拿掉"。可如果不懂得"拿掉"，而只会一味地"添加"，当"加"到无法承重的时候，又会出现怎样的情景呢？

他更清楚地知道：当时的天冰已经把"加法"做到了极致，如果不做"减法"，不调整战略，不"砍"掉产品线上的"杂草"，那么企业将无法轻松、快速地前行；如果企业不发展，那么，十多年后的老李，可能还是今天的样子。

有了产品聚焦，才有品质；有了品质，才有发展；有了发展，天冰的经销商、员工、员工家属才能过上更好的生活。抱着这样的信念，张海波力排众议，排除万难，花了十年时间，一步步"砍"掉了产品线上的"杂草"，向天冰 2.0 时代高质量发展转型。

十年一梦，张海波的十年坚持究竟换来了什么？答案是显而易见的。从 2008 年到 2018 年的十年间，天冰把 1.0 时代的 10 家工厂"砍"到了 2 家，把 100 多个产品"砍"得只剩下 10 多个高品质产品，把 10000 多名员工"砍"得只留下 1000 多名 A 级人才。随之而来的是，天冰的利润也从 1.0 时代的不足 1000 万元飞涨到了 2018 年的 1.2 亿元，这几乎是跨越式的发展和增长！（如图 10-2 所示）。

十年磨一剑，从 2008 年到 2018 年，在张海波的带领下，在全体天冰人的共同努力下，天冰完成了大步迈进 2.0 时代的升维，一跃成为中国冰淇淋民营企业第一。

图 10-2　天冰从 1.0 时代到 2.0 时代的升维结果

天冰 3.0 时代：品质天冰时代，立志成为中国冰淇淋第一品牌

翻开中国冷饮行业的发展历史，我们可以清晰地看到：20 世纪八九十年代，出现在市场上的大小冷饮品牌大约有 3000 多个，这一时期的冷饮行业总体上处于散、小、乱的局面，各品牌竞争力相对较弱，缺乏行业巨头建立价值标杆。

从 20 世纪 90 年代开始，随着消费的不断升级，以及哈根达斯、和路雪、雀巢等国外知名品牌逐渐进驻中国，中国冷饮市场的格局开始发生剧烈变化。在国外知名品牌带来的"鲶鱼效应"下，国内企业开始在危机中寻找出路，积极学习国外品牌先进的管理经验，加强品牌意识，注重品牌管理，由此走上了一条图强思变的新的发展道路。

这其中就包括天冰。从某种程度而言，天冰 2.0 时代的宝贵十年，就是中国冷饮企业求新、求变、求发展的最好印证。

2018 年，在经过了十年的产品聚焦后，天冰成为中部市场当之无愧的头部品牌。然而，天冰的品牌升维之路并未就此结束。相反，随着市场竞争的日益激烈，这条路越走越远。

彼时，在经历了 20 多年的激烈竞争和残酷洗牌后，我国的冷饮市场已经结束了过去全国几百家中小企业和数百个品牌"混战"的局面，进入了品质和品牌的较量阶段。面对新的时代、新的市场和新的对手，天冰又靠什么取胜呢？

张海波的答案是两个字——品质。

张海波认为，从 1986 年的"渭河大雪糕"到 2016 年的天冰"嘿！小白"，再到 2018 年的"皮阿诺""鲜之榨"等中高端产品系列，天冰之所以能够三十多年如一日，得到消费者的喜爱，凭借的正是创始人张振卿在做出第一支雪糕时就为天冰种下的"质优、量足"的产品基因，是天冰的管理者数十年如一日始终坚持的"每天品尝产品"，是天冰产品始终保持着的那一口"鲜"。

第十章　张海波
品牌升维，34 年只做冰淇淋

源于对品质的高度重视和极致追求，2018 年，在张海波的带领下，天冰正式拉开了 3.0 品质天冰时代的序幕，全面进入了品质天冰的管理阶段。

关于天冰对品质的极致追求，还有一个动人的故事。

2020 年 4 月 8 日，张海波像往常一样走进了生产车间，亲自品尝天冰前一天生产的所有产品。然而，刚刚品尝完第一个产品，张海波就感觉到口感不对。出于谨慎，张海波再次品尝了一次，还是感觉口感不对。

于是，他立马组织人员下厂检查产品配料。这时候，负责生产这款产品的班组长站了起来，犹犹豫豫地告诉他，可能是榴莲块的问题。

原来，这款产品需要用到新鲜的榴莲块，为了保证产品的品质，天冰一直使用的是猫山王榴莲酱，并采用自然解冻法，以维持榴莲特有的新鲜味道。然而，由于 4 月初工厂刚刚复工，生产线上等着榴莲下料，来不及自然解冻，班组长便采用了热水解冻的方法。没想到，热水却把猫山王榴莲酱的鲜味烫没了。

找到原因后，张海波当即决定全部销毁这批产品。这个决定立刻遭到了很多人的反对。当时，使用热水化冻的产品一共有四千箱，总价值超过了 120 万元。这批产品奶粉也够，榴莲酱也够，奶油也够，仅仅只是化冻方式影响了一些口感,并且影响微乎其微,消费者根本尝不出来。

但张海波依然做出了销毁全部产品的决定。他的理由很简单:决不能让哪怕有一丁点瑕疵的产品流入市场,对天冰而言,品质就是一切。

在天冰的理解里,品质不是多一点少一点的问题,也不是档次高低的问题,品质决胜就是那点"鲜"味。为了保证产品的那点"鲜"味,天冰积极推动了科学化全面管理,分别从"人的品质、工作品质、产品品质、经营品质"四个维度进行了品质升维(如图 10-3 所示),在全公司倡导"冠军文化、品质文化、快乐文化",致力于不断提高天冰的产品品质,带领天冰向中国冰淇淋第一品牌迈进。

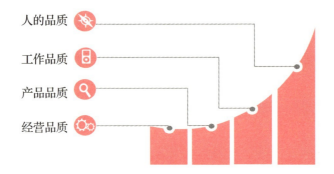

图 10-3 天冰品质升维的四个维度

1. 人的品质

产品是根,人是本。张海波认为,品质天冰的第一要义是不断提升天冰人的品质，因为人是组织、团体、企业的根本，是企业的核心竞争力。

如何提升人的品质呢？张海波认为关键是要做到"以文化人"和人才培养两点。

（1）"以文化人"。

所谓的"以文化人"，既是指要以"成为中国冰淇淋第一品牌"的天冰愿景，以"做快乐的冰淇淋：安全、健康、美味、时尚、浪漫"的天冰使命，以"诚实正直、公平公正、敢于冒险、持续创新"的核心价值观，培养出能打仗、敢打硬仗、能打胜仗，艰苦奋斗，以奋斗者为本的天冰人；也是指要以"认真、快、坚守承诺"的天冰工作作风，以"绝不找借口、绝不说不可能、保证完成任务"的天冰工作态度，以"目标可量化、流程可检查、结果可考核"的工作要求和"坚定信念、坚持目标、坚决完成"的工作理念，打造一支"思想统一、目标一致、技术过硬、纪律严明"的天冰团队。

张海波认为，只有让所有天冰人在公司愿景、使命、核心价值观指导下做人、做事，天冰的品质升维才能最终落地。

（2）加强人才培养。

天冰的人才培养分为三个部分。

一是建立学习型组织。正所谓"工欲善其事，必先利其器"，在不断变化的社会环境中，只有不断学习，才能不断迭代自我，持续创新。正因为深谙此道，在多年的发展历程中，天冰始终致力于坚持建立学习型组织，定期组织企业高管外出学习，主动"走出去"，积极"引进来"，不断提升企业高管的管理水平，也因此与行动教育结下了不解之缘。

截至2021年，天冰几乎全程参与了"赢利模式"从第24期到第353期的每一期培训学习，累计组织学习人数达64人，极大地提高了团队管理水平，并多次蝉联"赢利模式"学习小组总冠军。2020年，为了学习更先进的经营管理知识，张海波本人参与了行动教育"校长EMBA"课程的学习，并因为表现出色获得了2020年"十大校长型企业家"的称号。

除此之外，天冰还特别建立了企业培训中心，致力于为企业、行业源源不断地输送优秀人才。

二是建立OP合伙人机制，打造自主型团队。天冰坚持"以人为本"的工作理念，本着"多激励、激励多"的指导原则，以业绩为导向，积极落实员工激励。特别是每月的优秀员工表彰大会、OP合伙人机制等，在"思想统一、目标一致、流程保障、对结果负责"的前提下，使团队充分享受自主权（人权、财权），利润超出再分配，每个人都是自己公司的小老板、自己团队的大老板。

三是建立"T2020人才战略"，解决人才发展和人才晋升的问题。天冰始终坚持"人才是企业第一资源"的观念，大力推进"T2020人才战略"，不断完善和创新人才发展机制，重视人才梯队建设，通过多渠道引进人才、高效机制培养人才、为优秀人才提供广阔的发展空间，为企业持续增长提供强有力的人才保障和专业支持。目前，公司本科及以上部门在职人员占60%，公司管理层平均年龄为30.5岁。

在人才的培养上，天冰建立了全方位、系统化的培训体系，把选人作为部门管理人员的核心职责，为优秀人才提供更多的锻炼机会，打造了一批又一批努力拼搏、开拓进取的中坚力量。

在人才的晋升上，信奉"心有多大，梦想就有多大"的天冰，拥有完善的人才"选、育、用、留"机制和晋升通道，为每一个加入天冰大家庭的优秀人才提供施展才华的舞台。

2. 工作品质

所谓的工作品质，是指不管员工在天冰从事的工作是打扫卫生，还是做营销、做生产，都应该具备良好的工作品质，对自己的工作高标准、严要求，保证将自己的工作做到精益求精。关于如何提升工作的品质，张海波有三点经验。

一是明确岗位要求。天冰把努力提高员工的工作品质纳入到了日常经营管理之中，并落实到了每人、每天、每件事中。

二是建立工作指导原则。天冰每个部门都有自己部门的工作指导原则，如：生产部门的工作指导原则是安全、优质、高效、低耗；质量管理部门的工作指导原则是产品化验100%合格，杜绝不合格产品流入下一道工序等。

三是强调"三精"和"四有"。所谓的"三精"和"四有"，是指天冰员工的工作要做到精细、精准、精美，同时要有目的、有目标、有工作方法、有成果。

3. 产品品质

产品是战略的落脚点，是品牌与消费者直接联系的桥梁，是隐藏在品牌背后关键的营销力量。为了提高产品品质，天冰主要有三大举措。

第一，"产品=人品"。天冰始终信奉"产品=人品"，只有人的品质好了，工作的品质好了，产品品质才会好。

同样，只有产品品质好了，天冰才能稳定、健康、持续发展。

第二，注重品质是流淌在天冰人血液里的经营哲学。为了保障产品品质，在生产管理上，天冰冰淇淋实行了严格的生产管理流程，引进了 ISO22000 国际质量管理体系和 APCCP 关键控制点管理，牵牢主体责任制这个牛鼻子，将责任落实到每一个人，对每一道工序都严格把关，铸就了天冰产品的匠心品质。

天冰自 2018 年取消产品合格率之说，产品不合格不再是罚款问题，而是岗位问题，以确保上市的每一款产品都符合"安全、健康、美味、时尚、浪漫"的消费诉求，让每一款产品都成为经典的匠心之作。

同时，天冰还在各部门推广实行了 6S 管理，大大提高了公司的产品品质和整体运营效率，产品质量 100% 合格，安全管理 100% 合格，并先后获得政府颁发的"质量守信先进企业""质量安全优秀示范企业""全国冷冻饮品行业优秀企业"等荣誉称号。

第三，对产品不断进行更新。随着消费市场的不断升级，各类品牌如雨后春笋般进入大众的视野，想要进一步提升品牌的认知度和忠诚度，就要对产品进行不断更新，从而让品牌快速进入更精确、更细分的领域，获得竞争优势。

2021年,天冰聚焦品牌产品"小神童"、主推新品"冠军小白"、辅助产品"中板""卡罗蒂""活力兵"等。同时,天冰还创造了一个新的冰淇淋概念——降燥,打造一个新的冰淇淋品类——燥系列,主打降燥理念,改变只在夏天食用冰淇淋的传统认知,并聚焦资源强力推广。正如消费者在选安全插座时会首选公牛一样,未来,消费者选择降燥冰淇淋一定会首选天冰。

4. 经营品质

天冰不仅注重人的品质、工作品质、产品品质,而且也更加注重公司的经营品质。天冰认为,一个企业的经营品质可以用利润、品牌、销量和员工收益四个指标来衡量,如图 10-4 所示。

图 10-4　天冰衡量经营品质的四个指标

第十章　张海波
品牌升维，34 年只做冰淇淋

天冰认为，赢利状况从侧面反映了企业经营品质的好坏。天冰深知企业经营品质的好坏，取决于各级管理者和员工的共同参与和艰苦奋斗。2020 年，天冰在注重利润、品牌、销量三大指标达成的同时，把员工收益作为重点指标纳入管理者的考核中，以提高员工的获得感和参与感。

2020 年，天冰花了大力气去做品牌推广。品牌力竞争的本质是抢占顾客心智资源的认知优势，以形成强大的品牌力，从而建立企业的竞争壁垒。通过宣传手段，传递出品牌的核心战略定位点，提高辨识度，强化认知，获取竞争优势。未来，天冰将对宣传推广模式进行升维，从生产型企业向服务型企业、营销型企业转变。

首先，从宣传推广产品转向宣传推广品牌和文化。一个真正好品牌的产品，不仅要满足用户的功能性需求，也要让用户用得放心，最好还能融入社交圈层，能让用户在社交中产生优越感，帮助用户进行自我实现。而这靠的并不是产品本身的质量属性，而是要灵活运用情感属性，构建情感联系。

其次，深度跨界联合，品牌多面发展。未来，天冰将采取多种形式的品牌联合，与不同类型品牌进行跨界合作，以碰撞出前所未有的火花。2021 年，天冰将与河南广播电视台、抖音、小红书、UU 跑腿、河南旅游协会郑州文创分会等进行深度合作，通过大型晚会、电视节目、短视频、文创产品等不同形式呈现冰淇淋美食类延伸内容，展现冰淇淋品牌的多面性，为品牌未来的发展寻求更多的契机和可能。

最后，多维营销。天冰以消费者需求为出发点，由单一形式转向多维营销形式，以适应新的消费趋势，发掘冰淇淋市场潜能。宣传推广策略依托自媒体、短视频、直播等新兴平台，展现不同类型的内容，以年轻人喜爱的形式，向年轻化、多元化、潮流化方向发展。例如，打造"小神童"IP形象，通过鲜活的形象传递品牌的内涵和理念，并紧贴时下消费者的消费喜好，围绕"小神童""冠军小白"打造出一系列的文创产品，延伸产品的价值感，吸引年轻消费群体。借助抖音、微博、小红书、微信等新媒体，策划话题活动，寻找抖音达人、小红书红人、微博"大V"等做好线上话题宣传和线下快闪店活动等，以达到宣传效果的最大化。寻找品牌代言人，融入粉丝圈层，并将产品受众与各个场景进行重合度对比，依靠受众定位平台，来寻求年轻群体喜爱的方式引发互动。同时，还可以与热门影视剧进行合作，赞助音乐节、综艺节目等，开展全方位、多维度的营销。

天冰34年的发展之路，也是34年的品牌升维之路，

第十章 张海波
品牌升维，34年只做冰淇淋

从工厂大生产时代，到高质量转型时代，再到品质天冰时代，每一步都是天冰品牌的升维之路。未来，天冰将向中高档方向发展，聚焦中高档产品的研发和推广，采用品牌偏好战略，建立差异化品牌定位，立志成为"中国冰淇淋第一品牌"。

三十而立，34岁的天冰正逢其时。放眼全球，以华为为代表的中国企业正在崛起，天冰必将大有作为。高高山顶立，深深海底行，既要仰望星空，又要脚踏实地。未来，天冰将继续在冷饮行业深耕，以研发出更多、更好的高品质冰淇淋为己任，把天冰冰淇淋打造成"中国冰淇淋第一品牌"，引领行业发展。